Nicola Raschendorfer

LRS – Legasthenie: Aus Fehlern wird man klug

Förderdiagnostik auf der Basis freier Texte

Verlag an der Ruhr

Impressum

Titel: **LRS – Legasthenie: Aus Fehlern wird man klug**
Förderdiagnostik auf der Basis freier Texte

Autorin: Nicola Raschendorfer

Illustrationen: Bernhard Skopnik

Druck: Druckerei Uwe Nolte, Iserlohn

Verlag an der Ruhr
Postfach 10 22 51, D–45422 Mülheim an der Ruhr
Alexanderstraße 54, D–45472 Mülheim an der Ruhr
Tel. 02 08–439 54 50, Fax 02 08–439 54 39
E-Mail: info@verlagruhr.de
www.verlagruhr.de

Verlag an der Ruhr 2004
ISBN 3-86072-917-9

geeignet für alle Altersstufen

Allgemeines zur Schreibweise:
Aus Gründen der besseren Lesbarkeit haben wir in diesem Buch in der Regel die männliche Form verwendet. Natürlich sind damit auch immer Frauen und Mädchen gemeint.

Die Schreibweise der Texte folgt der reformierten Rechtschreibung.

Gedruckt auf chlorfrei gebleichtes Papier.

Inhaltsverzeichnis

> *„Das Kind hatte um Aufmerksamkeit gebeten.*
> *Sie hatte nur darum gebeten, gesehen zu werden.*
> *Doch sie bekam eine Bewertung. ‚**Wie tüchtig du bist.**'"*
> *Peter Høeg*

Liebe Leserin, lieber Leser,

diese Sätze schrieb Peter Høeg in seinem Roman *„Der Plan von der Abschaffung des Dunkels"*. Ich möchte sie gerne dieser Einleitung vorausschicken, weil sie mich immer wieder an eine Grundgegebenheit pädagogischer Situationen erinnern. Mit dem positiven Motiv, das Kind zu loben und zu ermutigen, neigt man dazu, das Kind selbst zu bewerten. Sie fragen sich nun vielleicht, was daran problematisch sein könnte.
Dazu schreibt Peter Høeg weiter:

„Es ist keine böse Absicht, wenn man Leute bewertet. Man tut es nur, weil man selbst so oft getestet worden ist. Schließlich kann man gar nicht mehr anders denken. Man sieht es vielleicht nicht mehr so deutlich, wenn man immer einigermaßen hat leisten können, was verlangt wurde. Man sieht es vielleicht am besten, wenn man weiß, dass man sein ganzes Leben immer auf der Grenze sein wird."[1]

Kinder mit besonderen Schwierigkeiten im Lesen und Schreiben bewegen sich häufig auf dieser Grenze. Positive Bewertungen wie *„Wie tüchtig du bist."*, hören sie – zumindest im Schulkontext – selten. Bewertung ist für sie eher gleichgesetzt mit Abwertung – und das nicht nur ihrer Leistung, sondern ihrer Person. Sie erfahren, dass Erwachsene sie für faul, uninteressiert und unaufmerksam halten oder finden, dass sie auf der falschen Schule sind.
Mit den wohl eher öffentlichkeitswirksamen als didaktisch sinnvollen Maßnahmen, die in Folge des *„PISA-Schocks"* ergriffen wurden, wird diese Grenzerfahrung härter erlebt denn je. Die Annahme, Rechtschreibleistungen durch Bestrafung von Rechtschreibfehlern erhöhen zu können, unterstellt, die Kinder und Jugendlichen müssten

[1] *Høeg, P., 1999, S. 129*

sich einfach mehr Mühe mit der Rechtschreibung geben und die Fehler entstünden nur aufgrund ihrer Nachlässigkeit. Diese Schlussfolgerung geht meiner Meinung nach an den eigentlichen Problemen vorbei. Es stellt sich nämlich die Frage, wer die Verantwortung für die Förderung der Rechtschreibkompetenz von Schülern übernimmt. Meiner Meinung nach darf dies keine Frage danach sein, ob Eltern private, außerschulische Förderung zahlen können oder nicht.

Die Frage untersuchend, welche strukturellen Bedingungen schriftsprachlichen Unterricht positiv beeinflussen, kam Peter May zu dem Ergebnis, dass neben einer möglichst frühen, systematischen Arbeit an der Rechtschreibung die Zahl der Schreibprojekte eine relevante Größe ist.[2] Eine Beobachtung von Mechthild Dehn und Petra Hüttis-Graff schließt sich dem an. Auf den Punkt gebracht lautet sie: *„Wer viel schreibt, schreibt vieles richtig."*[3] Natürlich steht beides – systematischer Rechtschreibunterricht und die Arbeit mit und an Schreibprojekten – in engem Zusammenhang mit der Art und Weise, wie die Lehrkraft die Schüler mit den von ihr ausgewählten Inhalten und Aufgaben vertraut macht und wie sie mit deren Ergebnissen umgeht.
Ziel des vorliegenden Buches ist es, Lehrer dabei zu unterstützen, das freie Schreiben so einzusetzen, dass es für beide Seiten – Lehrer und Schüler – ein Gewinn ist. Auch im Förderunterricht oder in der Einzelförderung rechtschreibschwacher Kinder kann und sollte das Verfassen freier Texte durch Kinder und Jugendliche ein wichtiger Baustein sein. Vorweg ist jedoch zu betonen, dass in der Arbeit mit freien Texten zunächst Aspekte der Gesamtpersönlichkeit des Kindes im Mittelpunkt stehen müssen. Mit ihren Geschichten bringen sie erfahrungsgemäß sehr Persönliches zum Ausdruck. Dem gebührt großer Respekt, der sich auch im Umgang mit den Werken des Kindes zeigen muss.

[2] *vgl. May, P., 2001, S. 161*
[3] *Dehn, M. & Hüttis-Graff, P., 2000, S. 29*

Die Wertschätzung des Textes darf in keinem Fall durch eine Eingliederung in den Rechtschreibunterricht gemindert werden. Die Förderung der Rechtschreibkompetenz von Kindern sollte prinzipiell getrennt von ihren freien Texten stattfinden. Dennoch kann die Arbeit mit freien Texten auf mindestens zwei Ebenen einen Beitrag dazu leisten. Zum einen erleben Kinder den Sinn normgerechten Schreibens authentisch spätestens dann, wenn es um die Präsentation und Veröffentlichung ihrer Texte geht. Dies ist schließlich auch die Form der Motivation, die dem Kern des (Lern-)Gegenstandes Rechtschreibung entspricht: *„Ich möchte richtig schreiben, damit andere meinen Text gut lesen und verstehen können."*
Zum anderen kann die Interpretation freier Texte vor dem Hintergrund eines Entwicklungsmodells des Rechtschreibenlernens einen wesentlichen Beitrag zur Förderdiagnostik leisten. In der Förderdiagnostik greifen Förderprozesse und die Beschreibung individueller Förderbedürfnisse wechselseitig ineinander. Das bedeutet, dass aus den Erkenntnissen der Diagnostik direkt wichtige Anhaltspunkte für die Förderung gewonnen werden. Bei der Diagnostik durch Auswertung standardisierter Tests ist dies in der Regel nicht der Fall. Ziel ist hier die Einordnung der individuellen Leistung in das Spektrum der Gleichaltrigen. Ergebnis ist in der Regel die Zuordnung zu einem Prozentrang.
In der Praxis wird die Vergabe von Förderangeboten häufig an das Erreichen – oder besser – Unterschreiten eines bestimmten Prozentranges gebunden. Konkrete und die individuellen Lernbedürfnisse eines Kindes berücksichtigende Förderaspekte lassen sich hieraus jedoch noch nicht ableiten.[4]

Wie bereits angedeutet besteht aber im Konzept der Förderdiagnostik nicht nur ein linearer Zusammenhang **Diagnostik —> Förderung**. Auch in umgekehrter Richtung sind die beiden Aspekte miteinander verknüpft. Das Material, das zur Diagnostik herangezogen wird, ergibt sich direkt aus dem Förderprozess. Die Erkenntnisse der Diagnostik werden fortlaufend mit der Arbeit des Kindes abgeglichen und eventuell überarbeitet. Entwickelte Thesen zum Entwicklungsstand des Kindes werden ständig überprüft, ausdifferenziert oder auch verworfen.

[4] *Um einem gängigen Missverständnis vorzubeugen: Die kontrastierte Darstellung von Förder- und Testdiagnostik soll nicht bedeuten, dass ich einer den Vorzug gebe. Eine Entscheidung „für oder gegen" ist hier fehl am Platz, denn beide Formen haben ihre speziellen, nützlichen Eigenschaften. Lediglich für das vorliegende Buch habe ich thematisch eine Wahl getroffen.*

Freie Texte lassen in der Regel umfangreiche Schlussfolgerungen darüber zu, wie Kinder Rechtschreibung individuell herstellen. Es ist nahe liegend, dass sie sich für diese Form der Erkenntnisgewinnung ungleich besser eignen als ausgefüllte Arbeitsblätter oder auch die Ergebnisse von geübten Diktaten. Aus Fehlern klug werden, heißt im Zusammenhang des vorliegenden Buches also, die Schreibweisen von Kindern verstehen und einordnen zu können. Im Bewusstsein des ermittelten Entwicklungsstandes kann die Lehrkraft angemessene, individuell differenzierte Fördermaßnahmen entwickeln, die sowohl Über- als auch Unterforderung vermeiden. Den Erfolg dieser Maßnahmen kann sie dann auf der Grundlage ihrer diagnostischen Kenntnisse wiederum kritisch reflektieren.

Prinzipiell gilt das Gesagte für Rechtschreibförderung und -unterricht unabhängig davon, ob die Kinder besondere Schwierigkeiten zeigen oder nicht. Auch bei guten Schreibern geht es ja darum, sie durch das Setzen von Lernimpulsen in ihrer Entwicklung einen Schritt weiterzubringen. Entsprechend wird auch LRS (Lese-Rechtschreib-Schwäche) in diesem Buch nicht als persönliche Eigenschaft eines Kindes verstanden. Vielmehr bezeichnet der Begriff besondere Schwierigkeiten in einem Lernprozess, auf dessen Bewältigung viele Faktoren Einfluss haben. Demnach wäre es also nicht angemessen zu sagen: *„Tom hat LRS."* sondern *„Tom zeigt LRS."*
Auch wenn er mehr Fehler macht (normorientierter Ansatz) und diese Fehler entwicklungsbezogen eine andere Qualität haben als die seiner Mitschüler, befindet er sich doch nicht auf einem grundsätzlich verschiedenen Lernweg als diese.

Nach einer Einführung in die Theorie der Schreibentwicklung von Kindern werden in diesem Buch Möglichkeiten aufgezeigt, wie wichtige Hinweise auf den Lernstand von Kindern aus freien Texten gewonnen werden können. Dazu wurde ein spezieller Leitfaden entwickelt. Um die Erläuterungstexte zum Leitfaden besser verstehen zu können und die Orientierung im Text zu behalten, hat es sich als hilfreich erwiesen, das Formular für den Leitfaden zu kopieren und beim Lesen immer daneben zu legen.
Anschließend geht es um Möglichkeiten des konkreten Umgangs mit den Arbeiten der Kinder. Auch hier ist es wesentlich, ihren Entwicklungsstand im Schriftspracherwerb angemessen zu berücksichtigen.

WIE KINDER SCHREIBEN LERNEN

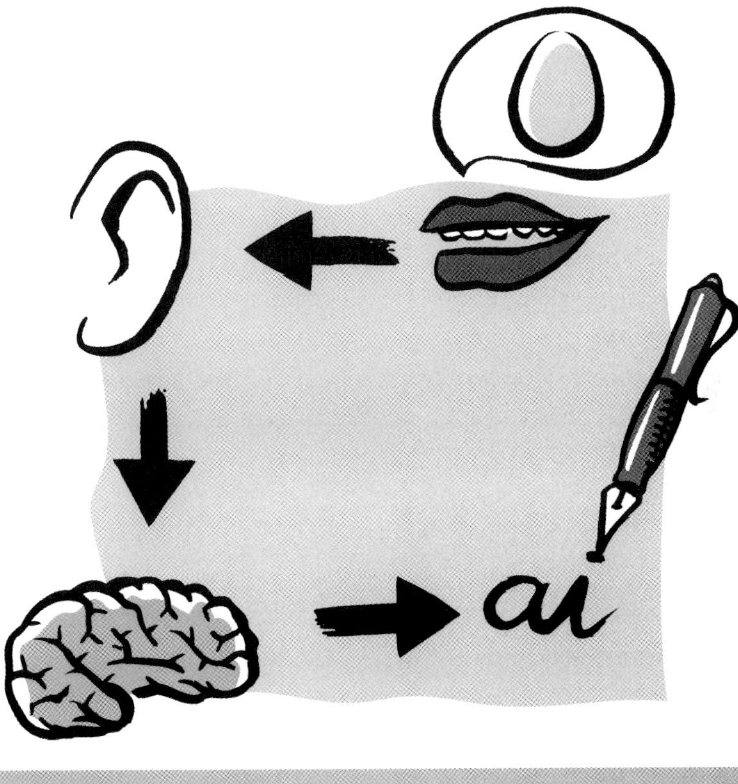

Eine Theorie für die Praxis

Ab den 80er Jahren kam man bei der Erforschung der kindlichen Rechtschreibkompetenz zu neuen Erkenntnissen, die schließlich in einem Entwicklungsmodell zusammengefasst wurden. Dieses ermöglicht eine neue Perspektive auf den Lerngegenstand Rechtschreibung. Vielmehr als nur um *„mechanische Prozesse des Einprägens"*[5] handelt es sich um **eine Denkentwicklung, die von den Kindern nachvollzogen werden muss,** um zu kompetenten Rechtschreibern zu werden. Daraus leitete sich unter anderem ein neuer Umgang mit freien Texten und auch mit darin enthaltenen Fehlschreibungen ab. Pädagogen wie Renate Valtin, Gerheit Scheerer-Neumann, Heiko Balhorn und Horst Bartnitzky trugen durch zahlreiche Veröffentlichungen[6] dazu bei, dass die Erkenntnisse der Forschung in die Aus- und Weiterbildung von Lehrern integriert werden konnten. Das Entwicklungsmodell, welches den Lernprozess in sechs Stufen gliedert, ist in meinen Augen äußerst praxisrelevant. Es unterstützt die Lehrkraft in ihrer Funktion als Expertin im **Einschätzen des individuellen Lernstandes von Kindern** und ist die theoretische Basis meiner Arbeit als Lerntherapeutin mit so genannten *„LRS-Kindern"* und auch dieses Buches. Dabei bin ich mir bewusst, dass Modelle nie ein genaues Abbild der Wirklichkeit sind. Sie sind notwendigerweise vereinfachend und helfen uns eben durch diese Vereinfachung, unseren **Blick auf die Realität zu strukturieren.** Vor dem Hintergrund einer Theorie der Schreibentwicklung kann es uns gelingen, **Rechtschreibphänomene von Kindern ordnend zu beschreiben und zu erklären**.[7] Der große Nutzen des Entwicklungsmodells liegt also insbesondere darin, dass es uns ermöglicht, **Hypothesen zu den von Kindern gezeigten Schreibungen zu entwickeln** und daraus zielgerichtetes, praktisches Handeln abzuleiten.

Phonologische Basisfertigkeiten

Bevor jedoch das Entwicklungsmodell des Rechtschreibens dargestellt wird, ist es notwendig zu klären, welche kognitiven Leistungen und Einsichten der Kinder dem tatsächlichen Schreiben vorausgehen müssen. **Für den Zugang zur Schrift ist die so genannte phonologische Informationsverarbeitung eine wesentliche**

[5] *vgl. Valtin, R., 2000, S. 17*
[6] *vgl. u.a. Valtin, R., 2000, Scheerer-Neumann, G., 1998; Balhorn, H., Bartnitzky, H., Büchner, I. und Speck-Hmdan, A., 1998*
[7] *vgl. Flammer, A., 2003, S. 13*

Lernvoraussetzung. Auch für die Vorhersage des Erfolgs beim Schriftspracherwerb sind die in diesem Begriff zusammengefassten, sprachgebundenen Fertigkeiten von entscheidender Bedeutung.[8] Petra Küspert[9] zählt zur phonologischen Informationsverarbeitung die folgenden drei Bereiche:

⊗ Phonologisches Rekodieren beim Zugriff auf das semantische Lexikon

Dabei werden bildlich oder schriftlich dargebotene Symbole (also z.B. ein geschriebenes Wort) in Sprache übersetzt. Diesem zumindest im Geiste gesprochenen Wort wird dann eine Bedeutung gegeben. Damit ist noch nicht gesagt, dass diese Bedeutung auch die allgemein anerkannte und im Kontext gemeinte ist. So vermutete beispielsweise ein griechischer Junge hinter dem gelesenen Wort *„Lausbub"* einen kleinen Jungen in einer Lausfamilie.

⊗ Phonetisches Rekodieren im Arbeitsgedächtnis

Die Bedeutung dieser Fertigkeit ist besonders für das Lesenlernen ersichtlich. **Wenn ein Kind einen Buchstaben oder eine Buchstabenkombination in einen Laut übersetzt, muss es sich diesen Laut merken, um nach der Entschlüsselung der folgenden Buchstaben die einzelnen Laute zu einem Wort zusammenzusetzen (Synthese).** Das Merken gelingt leichter, wenn die Kinder den Laut aussprechen und somit auch hören. Dies ist ein Grund, warum Leseanfänger, die noch viel Energie auf das Rekodieren der Buchstaben verwenden müssen, kaum leise lesen können.

⊗ Phonologische Bewusstheit

Grundsätzlich müssen Kinder erkennen, dass es einen Unterschied zwischen einem Wort und dem Gegenstand, den dieses Wort beschreibt, gibt. Sie müssen also vom Konkreten weg und lernen, sich der formalen Struktur der Sprache zuzuwenden. Erst dann sind Kinder in der Lage, ihre Aufmerksamkeit auf das Hören von Lauten

[8] *vgl. Schneider, 1997, zitiert in: Küspert, P., 2000, S. 11*
[9] *vgl. ebenda, S. 11f.*

zu richten. Kindern, die diesen Schritt hin zur phonologischen Bewusstheit noch nicht nachvollzogen haben, gelingt dies nicht. Für sie sind Wort und Wortgegenstand gleichbedeutend. Entsprechend werden sie auf die Frage: *„Welches Wort ist länger: Kuh oder Schmetterling?"* konsequent mit *„Kuh"* antworten, weil die Kuh das größere Tier ist. Die Aufforderung, genau hinzuhören, können sie noch nicht umsetzen.[10] Zusammenfassend definiert Petra Küspert phonologische Bewusstheit als den *„Prozess, der es ermöglicht, sich auf die linguistischen Einheiten der Sprache zu konzentrieren"*.[11] Um zu begreifen, was Kinder bereits leisten und was genau ihnen noch Schwierigkeiten bereitet, ist es notwendig, die verschiedenen *„linguistischen Einheiten der Sprache"* zu kennen.

⊗ Das Wort

Eltern, die ihre Kinder auf ihrem Weg in die Schrift begleiten, sind oft überrascht zu sehen, dass die Abgrenzung von Worten Schreibanfängern noch große Schwierigkeiten bereitet. Erstaunt blicken sie auf erste Geschichten, die scheinbar aus einem einzigen, sich über mehrere Zeilen hinweg ziehenden Wort bestehen.
Wie schwer es tatsächlich ist, einzelne Wörter aus dem Sprachfluss herauszuarbeiten, kann jeder nachvollziehen, wenn er einmal bei einer Unterhaltung in einer völlig unbekannten Sprache zugehört hat. Mit der Aufgabe, die Zahl der Wörter aus einem normal vorgesprochenen Satz herauszuhören, wäre wohl jeder überfordert.

⊗ Die Silbe

Die kleinste artikulatorische Einheit der Sprache ist nicht das Phonem, sondern die Silbe. **Die Unterteilung von Wörtern in Silben ist für Kinder sowohl beim Schreiben- als auch beim Lesenlernen von großer Bedeutung.** Hervorgehoben werden muss, dass es bei Silben in Bezug auf die phonologische Bewusstheit um Sprechsilben und nicht um Schreibsilben geht. Diese Unterscheidung nimmt Petra Küspert in ihrem Würzburger Trainingsprogramm leider nicht vor. Obwohl sie die angehenden Trainer dazu anhält, die Silben so auszusprechen, *„wie sie in der alltäglichen Sprache klingen, ohne die Rechtschreibung zu berücksichtigen"*[12], schlägt sie die Einzelsilben

[10] *vgl. Valtin, R., a.a.O.*
[11] *Küspert, P., 2000, S. 12*
[12] *ebenda, S. 44*

„Kar-tof-fel“ vor. Bei alltäglicher Aussprache werden in Kartoffel jedoch keine zwei *„f“* artikuliert. Für die Mehrzahl der übenden Kinder wird dies wohl nicht zu Problemen führen. Einigen kann es helfen, die Konsonantendopplung in einigen Wörtern intuitiv zu erlernen. Aber gerade Kinder, die Schwierigkeiten im Schriftspracherwerb haben, sind in diesem Bereich leicht zu verwirren. Allzu schnell wird dann aus *„Fi-schen“* *„Fisch-schen“* oder aus *„Zauberer“* *„Zau-ber-rer“*. Wie mit diesem Phänomen umgegangen werden sollte, ist in der didaktischen Debatte noch nicht abschließend geklärt. Entsprechend ist die Art und Weise, wie Kindern die Konsonantendopplung vermittelt werden sollte, umstritten. So plädiert beispielsweise Christine Mann für das Hörbarmachen der Doppelkonsonanten durch Silbensprechen.[13] **Renate Valtin, Ingrid Naegele und Günther Thomé stellen hingegen fest, dass Doppelkonsonanten im Deutschen graphische Zeichen sind, die man beim Sprechen nicht hören kann.**[14] Übungen, die den Kindern die Silbentrennung als Lösungsstrategie anbieten, beurteilen sie als sehr problematisch, da Kinder dann häufig die falsche Regel bilden, dass man Doppelkonsonanten prinzipiell hören kann.

Das Phonem

Fertigkeiten, die auf Phoneme bezogen sind, bezeichnet Petra Küspert auch als *„phonologische Bewusstheit im engeren Sinne“*.[15] Phoneme sind die kleinsten lautlichen Einheiten und werden auch als *„Laute“* bezeichnet. **Phoneme werden beim Schreiben durch Grapheme (Buchstaben oder Buchstabenkombinationen) abgebildet. Innerhalb einer Silbe verschmelzen die Phoneme miteinander und beeinflussen sich so auf dem Weg der Artikulation.** Das können Sie deutlich beobachten, wenn Sie einmal auf die Stellung der Zunge während des Lautes *„b“* achten. In dem Worte *„blau“* ist die Zungenstellung eine andere als in dem Wort *„Besen“*.[16] Mit der besonderen Korrespondenz von Phonemen und Graphemen in der deutschen Sprache werden wir uns noch auseinander setzen, wenn es in der Beschreibung der Entwicklung der Schriftsprache darum geht, dass Kinder erste Zeichen auf das Papier bringen (s. S. 26). Im Zentrum steht hier zunächst das Heraushören der Laute.

[13] *Mann, C., 2002, S. 36*
[14] *Valtin, R., et al., 2000, S. 157*
[15] *vgl. ebenda, S. 12*
[16] *vgl. Andresen, H., 1985, zitiert in Valtin, R., 2001, S. 55*

▸▸ Verschiedene Laute sind unterschiedlich schwer zu analysieren.
Oft gelingt es den Kindern bei Vokalen leichter als bei Plosivlauten (z.B. /b/, /p/). Auch die Stellung des Phonems im Wort stellt unterschiedlich große Anforderungen an die analytischen Fähigkeiten. Anfangslaute (/l/ in *„Leiter"*) stellen beispielsweise eine geringere Hürde dar als der gleiche Laut am Ende einer Konsonantenhäufung (/l/ in *„Pflanze"*). Treten in frühen Phasen des Schriftspracherwerbs gravierende und andauernde Probleme auf, ist es notwendig, sich in der Diagnostik dem Bereich der phonologischen Basisfertigkeiten zuzuwenden. Das vorliegende Buch widmet sich jedoch eher den weiterführenden Anforderungen beim Rechtschreibenlernen.

Sprache zu Papier bringen – Ein Entwicklungsmodell

Ich möchte Sie nun einladen, anhand einer kleinen Fallstudie die ersten Schritte auf dem Weg des Rechtschreibenlernens nachzuvollziehen. Es ist der Weg, den der Schüler Beer in seinem ersten Schuljahr gegangen ist und mit zahlreichen, niedergeschriebenen Geschichten abgesteckt hat. Im April 1997 geboren, wurde er im September 2003 in eine Montessori-Schule eingeschult. Hier wird dem freien Schreiben von Beginn an ein hoher Stellenwert beigemessen. Im so genannten „gelben Heft" ist viel Platz für Zeichnungen und eigene Texte, die in der Freiarbeit entstehen. Über Anlauttabellen erschließen sich die Kinder der Montessori-Schule die Zuordnung von Buchstaben zu bestimmten Lauten. Diese Methode ermöglicht es den Kindern schon nach wenigen Wochen des Schulbesuchs, eigene Texte auch mit ungeübten Wörtern zu schreiben. Einige Auszüge aus dem gelben Heft, ergänzt mit für mich verfassten Geschichten, bieten die Gelegenheit, die theoretische Darstellung des Entwicklungsmodells des Rechtschreibens mit praktischen Beispielen anschaulich zu ergänzen.[17] Vielleicht sollte dazu gesagt werden, dass Beer beim Schreibenlernen schnell Fortschritte machte und auch jetzt nach dem von mir dargestellten Zeitraum noch macht. Auf besondere

[17] An dieser Stelle möchte ich mich ganz herzlich bei Beer und seinen Eltern bedanken. Ihre Mitarbeit hat einen großen Beitrag zur Anschaulichkeit dieses Abschnitts geleistet.

Schwierigkeiten gibt es keinerlei Hinweise. In der Bezeichnung der verschiedenen Stufen orientiere ich mich insbesondere an dem von Renate Valtin entwickelten Modell, da es auch die Verschriftung von Sätzen berücksichtigt.[18] Die Einteilung deckt sich aber in weiten Teilen mit dem Modell von Gerheid Scheerer-Neumann[19] oder den Kategorien von Mechthild Dehn und Petra Hüttis-Graff.[20] Die Einteilung in verschiedene Stufen ist eine theoriegeleitete und kann der Komplexität der Realität nicht gerecht werden. So zeigt sich in der Praxis, dass der Übergang von Stufe zu Stufe fließend ist und in den Schreibungen von Kindern selten ausschließlich Phänomene einer bestimmten Stufe zu finden sind. Dennoch lässt sich ein großer praktischer Nutzen aus dem Modell ziehen. Eine Übersicht des Stufenmodells finden Sie im Anhang.

▶▶ Stufe 0 – 1 ▶▶

⊗ Kritzelstufe und willkürliche Buchstabenfolgen ergeben Pseudowörter

Schreibanlass: Beers Weg zum Schreiber begann nicht erst in der Schule. Das folgende, erste Textbeispiel hat Beer im Alter von vier Jahren verfasst. Da es erst drei Jahre später einer Sammlung seiner Bilder entnommen wurde, ist leider nicht mehr nachvollziehbar, was dieser *„Text"* heißen sollte und ob Beer ihm überhaupt eine kommunikative Bedeutung beimaß. **Den meisten Kindern, die im Kindergartenalter Ähnliches malen, ist noch nicht bewusst, dass die Schrift der Erwachsenen ein Medium des zwischenmenschlichen Austausches ist. Ganz deutlich hat Beer hier das Schreiben der Erwachsenen imitiert.** Er hat bereits erkannt, dass es beim Schreiben eine bestimmte Ordnung gibt und malte so mehrere Buchstaben und Pseudobuchstaben von links nach rechts in mehreren Zeilen auf das Papier. Vermutlich ist Beer also an diesem Punkt schon zu der Einsicht gekommen, dass beim Schreiben verschiedene, abgegrenzte Symbole kombiniert werden und sich wiederholen.
Das grundlegende System der Laut-Buchstabe-Zuordnung und damit die Einsicht, was die formal richtig abgebildeten Buchstaben (u.a. P, A, i, E, B, R) bedeuten, ist noch nicht gegeben. **Es fällt auf, dass Beer alle Buchstaben seines Vornamens**

[18] *vgl. Valtin, R., 2000, S. 18 ff.*
[19] *vgl. Scheerer-Neumann, G., 1989, zitiert in: Scheerer-Neumann, G., 1998, S. 55f.*
[20] *Dehn, M. & Hüttis-Graff, P., 2000, S. 26 f.*

Bereits im Kindergartenalter imitieren Kinder die Schrift der Erwachsenen

gezeichnet hat. Diese hat er sich ausschließlich als Bild, d.h. ohne Zuordnung zu einem Laut, eingeprägt. Viele Kinder können außer den Buchstaben des eigenen Namens auch das *„i"* zeichnen, da es mit dem Punkt ein besonders einprägsames Element aufweist. Die ersten vier von Beer zu Papier gebrachten Zeichen entsprechen der Kritzelstufe. Sie lassen sich keinem bestimmten Buchstabenbild zuordnen. Auch das Wortkonzept ist noch nicht ausgeprägt.

▶▶ Stufe 2 ▶▶

Vorphonetisches Niveau

Leider liegt für dieses Niveau kein Beispieltext von Beer vor. Die ersten Geschichten in seinem gelben Heft sind bereits dem halbphonetischen Niveau zuzuordnen. **Außerdem ist eine Unterscheidung zwischen den Stufen eins und zwei im Nachhinein kaum möglich.** Ohne Erklärungen des Kindes sind Texte auf vorphonetischem Niveau (Stufe 2) nicht zu erlesen. Da mir solche Erklärungen, etwa als Niederschrift der Lehrerin, nicht vorliegen, kann ich rückblickend nicht mehr beurteilen, ob Beers erste Titelblattgestaltung, die die Buchstaben *„BEER AAAAAAAAAAAA"* zeigt, bereits dem vorphonetischem Niveau zuzuordnen und ein Versuch ist, seinen Nachnamen (er beginnt mit *„A"*) zu schreiben, oder ob er einfach den Buchstaben *A* gemalt hat, ohne seine lautliche Entsprechung zu kennen.

Auf dem vorphonetischen Niveau werden erste Ansätze einer lautorientierten Schrift erkennbar. Einzelne, dominante Laute (z.B. Anlaute) werden dargestellt. Andere Laute finden noch keine Entsprechung in der Schrift. **Da Kinder auf diesem Niveau in der Regel wissen, dass Wörter aus mehreren Buchstaben bestehen, fügen sie oft willkürlich Buchstaben ohne lautliche Entsprechung hinzu.** Vielen Kindern ist jedoch noch nicht klar, dass alle gesprochenen Wörter auch geschrieben werden. Kleine Wörter, insbesondere Artikel, werden oft noch nicht dargestellt. Schüler, die am Ende der ersten Klasse gute Leistungen im Lesen und Schreiben zeigen, haben bereits zum Zeitpunkt der Einschulung weit reichende Einsichten in den Zusammenhang zwischen gesprochener und geschriebener Sprache.

Im Segmentierungstest nach Ferreiro können sie bereits Nomen und einige von ihnen auch Verben richtig zuordnen.[21] In diesem Test schreibt die Lehrkraft vor den Augen des Kindes einen Satz („*Vater sieht die Katze.*" oder „*Das Kind kauft ein Eis.*") auf und liest ihn dann ohne besondere Betonung einzelner Wörter vor. Alle Wörter werden nun in einer festen Reihenfolge abgefragt. „*Habe ich irgendwo ‚Vater' geschrieben? Wo steht das?*" Nach 6 Monaten Schulunterricht können Kinder mit guten Leistungen alle Wörter richtig zuordnen. Renate Valtin bewertet diesen einfach durchzuführenden Test als sehr aussagekräftig: Kinder, die nach 6 Monaten Schulunterricht noch nicht in der Lage waren, allen abgefragten Wörtern die geschriebene Entsprechung zuzuordnen, zeigten am Ende des ersten Schuljahres schwache Leistungen im Lesen und Schreiben.[22]

▶▶ Stufe 3 ▶▶

⊗ Halbphonetisches Niveau

Schreibanlass: Der eigene Geburtstag ist immer wieder ein Ereignis, mit dem Kinder sich schon Wochen im Voraus beschäftigen. Aufgrund seiner hohen emotionalen Besetzung gibt er ihnen immer wieder die Motivation, Geschichten zu diesem besonderen Tag zu verfassen. Dies hat auch Beer im folgenden Beispiel getan (s. S. 22).
Auf der rechten Seite steht der Text, den Beer seiner Lehrerin diktierte, damit sie ihn in der „Erwachsenenschrift" für ihn aufschreiben konnte. Diese Übersetzung ist streckenweise nicht wörtlich, sondern eher inhaltlich zu sehen. **Wenn Kinder auf halbphonetischem Niveau schreiben, ist es für sie selbst schwer, den Text auch zu lesen.** Andere Personen können den Text in der Regel nicht entschlüsseln. **Das Heraushören einzelner Laute, mit dem Kinder auf diesem Niveau beginnen, erfordert sehr viel Konzentration.** Der Zusammenhang des ganzen Satzes geht darüber oft verloren, so dass die grammatikalische Struktur nicht mehr stimmig ist.
Besonders schwer zu deuten sind in diesem Text von Beer die Zeilen 5 – 7.
Vermutlich hat Beer hier einige Wörter nicht niedergeschrieben, wobei für mich im Nachhinein nicht eindeutig abgrenzbar ist, welche das sind. Bei einer Analyse einzelner Zeilen kann der Betrachter einige für diese Stufe typische Phänomene entdecken.

[21] *Ferreiro, E., 1979, zitiert in: Valtin, R., 2001, S. 51f.*
[22] *vgl. Valtin, R., 2001, S. 52*

Die Überschrift *„Der Geburtstag"* verschriftet Beer mit *„TE GBST"*. Dass Beer zu diesem Zeitpunkt klangähnliche Laute noch nicht immer richtig bestimmen kann, ist kennzeichnend für dieses Niveau. Dies hat zu seiner Schreibung *„TE"* für *„Der"* geführt. Was früher als legasthenietypischer Fehler galt, ist auf den ersten Stufen der Schreibentwicklung noch völlig normal. **Besonders deutlich wird an der Überschrift, dass Beer seine analytische Kompetenz wesentlich weiterentwickelt hat.** Jede Silbe ist mit zumindest einem Laut vertreten.
So entstehen die für das halbphonetische Niveau typischen Skelettschreibungen. Bei *„Geburtstag"* besteht diese immer aus dem ersten Laut jeder Silbe und zusätzlich aus dem Endlaut /s/ der mittleren Silbe, der als Frikativlaut (Reibelaut) für Kinder oft relativ leicht zu analysieren ist. Gut zu erkennen ist die Skelettschreibung auch in *„RTGN"* (runter ging) und ab der Mitte von Zeile sieben in: **„iCH (Ich) PI(?)T (packte) Si (Sie) AS (aus). DARN (Darin) WA (waren) ILR (Inliner)"**

Interessant ist, dass Beer die letzte Silbe von Inliner bereits mit *„R"* repräsentiert. Da sich die Kinder auf dieser Stufe ausschließlich an ihrer Aussprache orientieren, wird für diese Endung auch häufig ein *„A"* geschrieben. Durch die Orientierung an der Aussprache in dieser und auch noch in der folgenden Stufe ergibt sich auch das Phänomen, dass gleiche Worte in verschiedenen Schreibweisen dargeboten werden. Die Entscheidung, wie der entsprechende Laut im Wort zu verschriften ist, wird jedes Mal neu getroffen. Beer schreibt für *„ich"* beispielsweise *„E"*, *„iCH"* und evtl. *„ECH"*. (Ob das *„CH"* in Zeile zwei dem *„Ich"* oder dem *„Aufwachte"* zuzurechnen ist, kann im Nachhinein nicht mehr genau gesagt werden.) Oft wird auch *„ESCH"* oder *„ISCH"* verschriftet. Die Lücken zwischen den von Beer niedergeschriebenen Buchstaben haben in diesem Text noch keine Funktion. **Der Punkt in der letzten Zeile ist jedoch möglicherweise ein Hinweis darauf, dass Beer bereits dabei ist, einen Satzbegriff zu entwickeln.**

Skelettschreibungen sind typisch für das halbphonetische Niveau

▶▶ Stufe 4 ▶▶

⊗ Voll ausgeprägte phonetische Strategie

Schreibanlass: Insbesondere für Jungen sind Kämpfe und Schlachten ein wichtiges Thema. Die Kampfhandlung entwickelt sich meist prozesshaft mit jedem neu dazugemalten Flugzeug, Auto, Panzer oder Schiff und den von ihnen abgefeuerten Geschossen (s. S. 25).

Diese Bildbeschriftung ist ein sehr gutes Beispiel für den Eintritt in die Stufe 4 der Rechtschreibentwicklung. Der Text ist ohne größere Probleme zu lesen – ohne dass der Leser zum Verstehen die Übersetzung eines Erwachsenen benötigt. **Nach wie vor kennzeichnet Beer die Wortgrenzen nicht, was in dieser Phase noch sehr häufig vorkommt.** Der Punkt nach *„DER KAMF"* soll vermutlich die Überschrift vom restlichen Text abgrenzen. Damit verwendet Beer den Punkt noch nicht in seiner eigentlichen Funktion zur Abgrenzung einzelner Sätze.

Bei der Zuordnung von Graphemen zu bestimmten Lauten werden zwar noch keine orthographischen Überlegungen einbezogen, aber nahezu jedes Phonem hat Beer mit einem prinzipiell geeigneten Buchstaben dargestellt. Lautgetreue Wörter mit eindeutiger Laut-Buchstabe-Zuordnung (z.B. Rakete) können also auf der Basis der phonetischen Strategie bereits korrekt verschriftet werden. Lediglich bei dem Wort *„Kampf"* fehlt das *„p"* des ausgesprochen schwer zu analysierenden Lautes /pf/. Das *„r"* in *„Harpune"* ist bei allgemein üblicher Aussprache ein nicht hörbarer Laut. Beer aufzufordern, auch diesen Buchstaben herauszuhören, etwa mit der Aufforderung:

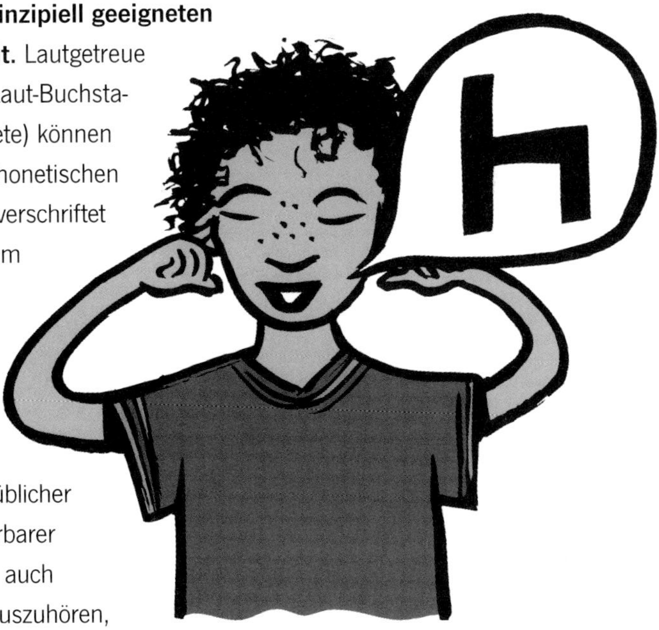

„Was hörst du nach dem ‚a'?", käme nach Gerheid Scheerer-Neumann einem didaktischen Kunstfehler gleich.[23] **Die Strategie, nach der Beer hier geschrieben hat, lautet: *„Schreibe wie du sprichst."*** Kinder auf dieser Stufe orientieren sich dabei am langsamen, gedehnten Vorsprechen. Dadurch entstehen auch *„künstlich andersartige Laute"*[24] wie das *„E"* in *„SCHEF"* (Schiff). Das kurz gesprochene *„i"* wird von Kindern auf dieser Stufe auch häufig als *„ü"* abgebildet. **Außerdem führt die Orientierung am langsamen Vorsprechen oft zur Verschriftung so genannter phonologischer Nuancen.** So erklärte mir eine Schülerin, man könne bei dem Wort *„kommt"* doch ein *„n"* hören. Sie schrieb daher regelmäßig *„komnt"*. Vermutlich hatte sie sogar zahlreiche gelesene und korrekt geschriebene *„kommt"* vor dem Hintergrund ihrer Theorie als „komnt" wahrgenommen.
Zum Entziffern der Texte dieses Niveaus hilft es dem Erwachsenen oft, sie sich laut vorzulesen und sich dabei eher am Hören denn an den geschriebenen Buchstaben zu orientieren.

[23] *Scheerer-Neumann, G., 1996, zitiert in: Valtin, R., 2001, S. 66*
[24] *Valtin, R., 2000, S. 19*

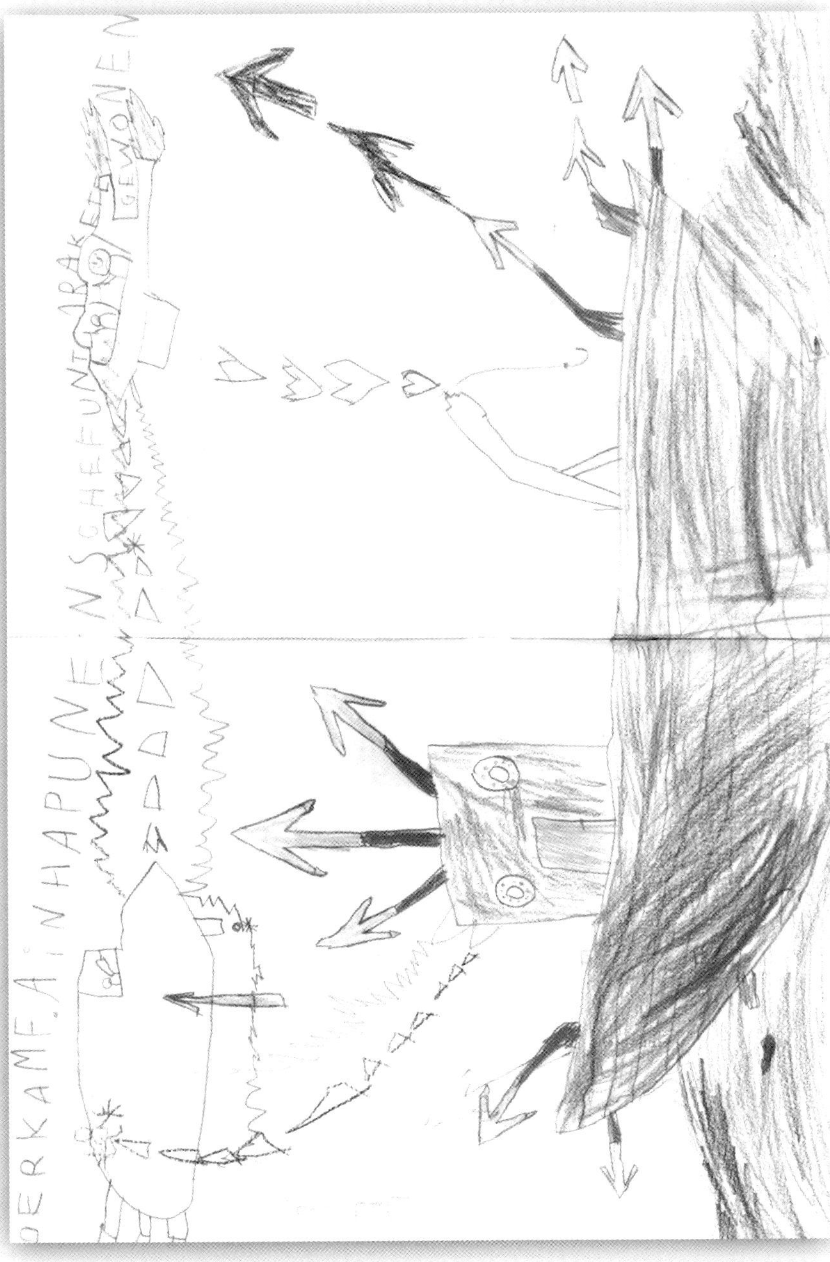

Texte auf dem Niveau der voll ausgeprägten phonetischen Strategie werden nach dem Motto „Schreib, wie du sprichst" verfasst

Stufe 5

⊗ Phonetische Umschrift und erste Verwendung orthographischer Muster

Schreibanlass: Neben dem eigenen Geburtstag sind zahlreiche andere Erlebnisse ein willkommener Schreibanlass für Kinder. Weihnachten, Klassenfahrten oder Ausflüge sind Hintergründe, zu denen Kindern leicht Dinge einfallen, die ihnen selbst schreibenswert erscheinen. Schade ist es, wenn Kindern das Niederschreiben solcher Erlebnisse durch den unangemessenen, demotivierenden Umgang mir ihren Werken verleidet wird. Vorschlägen für einen förderlichen und die Motivation der Kinder erhaltenden Umgang mit freien Texten wurde deshalb ein eigenes Kapitel (s. S. 101) gewidmet.
Kinder, die beginnen, erste orthographische Muster zu verwenden, haben erkannt, dass nicht alles so geschrieben wird, wie man es spricht. Bei Beer spiegelt sich dieser Fortschritt in den Worten *„GeHen"*, *„UnD"*, *„ein"*, *„einen"* und *„Vil"* (viel) wider.
An dieser Stelle ist es wichtig, sich bewusst zu machen, dass das Phonem-Graphem-Verhältnis der deutschen Alphabetschrift sehr komplex ist. Schon die Grapheme selbst sind unterschiedlich komplex. Einige bestehen einfach aus einem Buchstaben, andere sind aus zwei (*„au"*) oder drei (*„sch"*) Buchstaben zusammengesetzt (mehrgliedrige Grapheme). Manchmal wird also einem Laut eine Buchstabenkombination zugeordnet. Es kommt aber auch vor, dass ein eingliedriges Graphem für **mehrere Laute** (z.B. *„z"* für /ts/) steht. Vor allem aber ist nicht jedem Laut ausschließlich und eindeutig ein Graphem zugeordnet. Es ist sogar die Regel, dass einem Phonem mehrere alternative Grapheme zuzuordnen sind. Für den Laut *„f"* gibt es beispielsweise vier Alternativen, die zu vier verschiedenen, phonetisch betrachtet korrekten Schreibweisen führen können. Also etwa: *„Kofer"*, *„Koffer"*, *„Kover"* oder *„Kopher"*. Um hier die richtige (dudengerechte) Entscheidung zu treffen, müssen Schreiber auf verschiedene Strategien zurückgreifen können (s. S. 33ff.). Allein die Lautanalyse hilft hier nicht weiter. In Anlehnung an G. Augst betrachtet Günther Thomé **die Unterscheidung in Basis- und Orthographem als sinnvoll.**[25] Basisgraphem bezeichnet das häufigste Graphem und Orthographem die statistisch selteneren.

[25] *Thomé, G., 2000, S. 13*

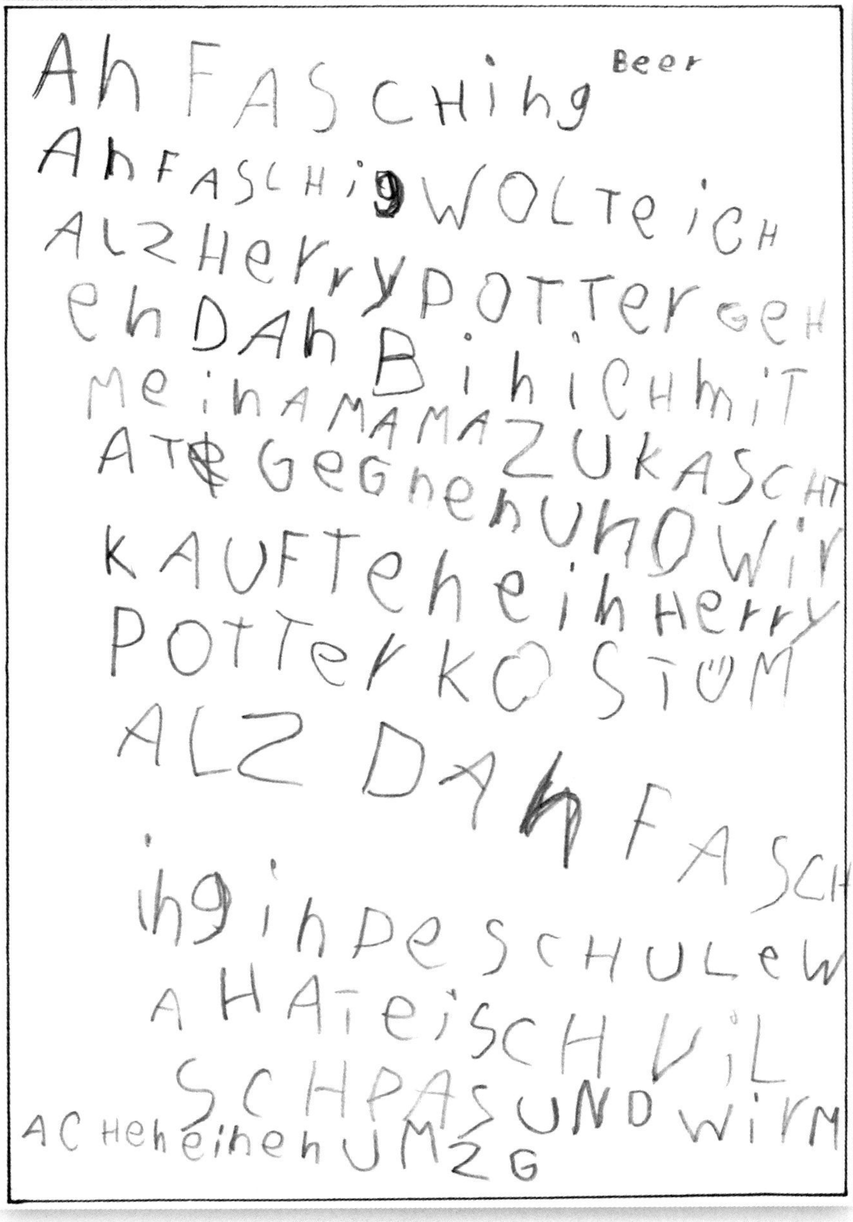

Ah FASChing Beer
AhFASCHig WOLTe iCH
ALZHerrYPOTTer GeH
ehDAh Bi hiCHmiT
meinAMAMAZUKASCHT
AT GeGnehUnDWir
KAUFTeheihHerry
POTTerKOSTÜM
ALZ DAhFASCH
ingiNDeSCHULeW
AHATeiSCHViL
SCHPASUNDWirM
ACHeheihenUMZG

Beer beginnt seine Schreibweisen nach orthographischen Gesichtspunkten zu überformen

Für den Laut /a:/ ist das Basisgraphem *„a“*. Daneben gibt es noch die Orthographeme *„ah“* und *„aa“*. Für das /i:/ ist das Basisgraphem jedoch *„ie“*. Mögliche Orthographeme sind *„ih“*, *„i“* und *„ieh“*. In Bezug auf den Laut /ai/ hat Beer gelernt, dass das Basisgraphem *„ei“* und nicht *„ai“* ist. Dass Beer erkannt hat, dass ein und demselben Phonem mehrere Grapheme zugeordnet sein können, zeigt sich im Beispieltext weiterhin bei der Verwendung des Orthographems *„V“* in *„ViL“*. **Die orthographischen Muster, die Beer in diesem Text verwendet, sind insbesondere solche, die auswendig gelernt werden müssen und nicht ableitbar sind.** Seine Auswahl an Operationen zur orthographischen Überformung seiner phonetischen Schreibungen ist also noch gering. Außer dem Erinnern sind solche Operationen das Ableiten, das Gliedern in Bausteine oder Regelanwendung. Auch die Verwendung der Doppelkonsonanten in *„Herry POTTer“* ist vermutlich eher auf visuell, ganzheitlich auswendig Gelerntes als auf die Anwendung einer orthographischen Regel zurückzuführen.
In einem Text, den Beer früher verfasst hatte, kamen bereits erste Ansätze zur Kennzeichnung kurzer Vokale durch Konsonantendopplung zum Tragen. Er schrieb hier (Zeilenübergänge und Wortgrenzen sind vom Originaltext übernommen. Mit Ausnahme der ersten beiden Zeilen entstanden die Zeilenübergänge, weil Beer das Ende des Blattes erreicht hatte.):

DAS MESSER
ICH MACHE
EINENACHTWAN
DERUNG.ICHFI
NDE EINMESSER.IC
HGEHESCHNELL
NACH DRINNEN UND
ZEIGE (An dieser Stelle bricht der Text ab.)

Bemerkenswert ist außerdem, dass Beer in älteren Texten erste Wortgrenzen berücksichtigt. Auch die Punkte hat er bereits als sinnvolle Strukturierungshilfe für seinen Text eingesetzt. Warum zeigt Beer diese Fortschritte in dem später entstandenen Text nicht?

Hypothese 1: Den Text in der Abbildung auf S. 27 verfasste Beer in lebhafter Erinnerung an ein tatsächliches Erlebnis. Diese hohe emotionale Besetztheit bindet einen großen Teil der Aufmerksamkeit, die in ihrer Kapazität begrenzt ist. Wer so im Erleben steckt, dem ist die korrekte Schreibung einzelner Worte weniger wichtig als der mit der Geschichte transportierte Inhalt.
Hypothese 2: Beer hat den neueren Text extra für mich und mein Buch verfasst. Es kann also davon ausgegangen werden, dass er es besonders gut machen wollte. Diese Form des Stresses hat möglicherweise dazu geführt, dass Beer wieder vermehrt auf die sicher beherrschte, eher automatisierte Strategie *„Schreibe wie du sprichst"* zurückgriff. Diese hatte sich ja in der Vergangenheit auch als Erfolg versprechend erwiesen. Für das Experimentieren mit neuen subjektiven Theorien zur Rechtschreibung ist diese Situation, die mit einer Beobachtungs- oder gar Prüfungssituation vergleichbar ist, vielleicht zu *„gefährlich"*.

Die tatsächliche Ursache für den scheinbaren Rückschritt kann kaum herausgefunden werden und vermutlich wird es auch nicht eine isolierte Ursache gegeben haben. Dennoch machen bereits die beiden aufgezeigten Hypothesen deutlich, dass nicht allein kognitive Prozesse Schreibleistungen und deren Entwicklung beeinflussen. Viele rechtschreibschwache Kinder machen die in **Hypothese 2** dargestellte Erfahrung auf schmerzhafte Art und Weise immer wieder. Auf in entspannter Atmosphäre erarbeitete Kompetenzen können sie unter Leistungsdruck, gepaart mit einer hohen Misserfolgserwartung, nicht mehr zurückgreifen. Sie fallen wieder in die Bevorzugung unangemessener Schreibstrategien zurück. Später können sie nicht mehr begreifen, warum sie all diese **„dummen Fehler"** gemacht haben. Auch von den Erwachsenen kommen dann häufig Äußerungen des Unverständnisses oder gar Anklagen und Vorwürfe. Wird dieser Kreislauf nicht durchbrochen, kann das erhebliche negative Auswirkungen auf das Selbstkonzept der Kinder haben.[26]

[26] *vgl. Naegle, I. M. & Valtin, R., 2001, S. 41ff.*

Ein typisches Phänomen der **Stufe 5** zeigen Beers Beispieltexte (noch) nicht: **Beim Experimentieren mit orthographischen Regelungen kommt es häufig vor, dass Kinder Regeln bei Worten anwenden, bei denen sie nicht gefordert sind.** So entstehen Fehlschreibungen wie *„wier“* (wir), *„Buss“* (Bus) oder *„Tastertur“* (Tastatur), die auch **Übergeneralisierungen** genannt werden. Wer erkannt hat, dass diese Fehler Ausdruck der Bereitschaft des Kindes sind, seine bisher bevorzugte Strategie des phonetischen Verschriftens mit sinnvollen anderen Strategien zu erweitern, wird dadurch auch zu einer neuen Bewertung der Fehler kommen. Er kann sie dann zunächst einmal gelassen als natürliche Folge eines erprobenden Umgangs der Kinder mit den entdeckten orthographischen Elementen sehen.
Bedenklich sind viele Fehler durch Übergeneralisierung, wenn ein Kind sie über einen langen Zeitraum hinweg zeigt und gleichzeitig viele Fehler entstehen, weil es die Regeln an den geforderten Stellen nicht anwendet. Dann zeugen Übergeneralisierungen eher von einer umfassenden Verunsicherung in Bezug auf die Rechtschreibung. Es müssen dann Wege gefunden werden, wie das Kind zu mehr Sicherheit auf einem höheren Niveau kommen kann. Dies kann unter anderem dadurch erreicht werden, dass das Kind angeleitet wird, eigene Rechtschreibregeln bewusst zu reflektieren und zu überarbeiten.

▶▶ Stufe 6 ▶▶

⊗ Orthografische Verschriftungen

Beer ist auf einem sehr guten Weg, zum kompetenten Rechtschreiber zu werden. Die Stufe der orthographischen Verschriftung hat er zum jetzigen Zeitpunkt (am Ende der ersten Klasse) natürlich noch nicht erreicht. Darum gibt es zu dieser Stufe keinen Beispieltext. **Auf der letzten Stufe der Rechtschreibentwicklung wenden Kinder die orthographischen Regeln richtig an.** Unter Verwendung eines Wörterbuches können sie fehlerfrei schreiben. **Um die Strategie des Nachschlagens effektiv einzusetzen, müssen sie sich kritischer Stellen in Wörtern und eigener Unsicherheiten bewusst sein.** Das Rechtschreiben bewältigen die Kinder und Jugendlichen zunehmend automatisiert. Es erfordert geringere Konzentrationsleistungen, so dass der Fokus mehr und mehr auf Inhalt und grammatische Struktur der Texte gelegt werden kann.

Als Ziel eines gelungenen Rechtschreiberwerbs sehe ich nicht an, dass alle Schreibungen spontan richtig abgerufen werden können. **Es kommt vielmehr darauf an, verschiedene Zugriffsweisen sinnvoll und effektiv einzusetzen. Hierzu zählt unbedingt auch der geübte Umgang mit Wörterbüchern.** In der Regel wird das Nachschlagen von Wörtern bereits in der Grundschule zum Thema gemacht. Dazu ist eine große Zahl von Wörterbüchern mit reduziertem Wortschatz auf dem Markt. Im Alltag des Schreibunterrichts wird dem hohen Stellenwert des Nachschlagens leider selten entsprochen. Es sind meiner Erfahrung nach eher Einzelfälle, in denen Kinder beispielsweise nach einem Diktat Wörter, bei denen sie unsicher sind, nachschlagen dürfen. Ich erachte dies als eine vergebene Lernchance – im Sinne der Hilfe zur Selbsthilfe – für die Kinder.

An dieser Stelle kommt auch die im Sommer 2004 neu aufgeflammte Debatte um die neue Rechtschreibung ins Spiel:

▸▸ *Jene Veränderungen durch die Rechtschreibreform, die im alltäglichen Gebrauch der Schrift am häufigsten auftritt, dürfte die Verschriftung der s-Laute betreffen. Die Schreibweisen können nun nach einer eindeutigen, wenn auch nicht unbedingt einfach zu lernenden Regel abgeleitet werden. So wurden zahlreiche Merkwörter zu Lernwörtern im Bereich der orthographischen Regel-Elemente. Eine Anzahl weiterer Merkwörter wurde durch die Stärkung des Wortstammprinzips beseitigt.*[27]
So wird jetzt beispielsweise Stängel parallel zu Stange und Tipp zu tippen geschrieben. Die Mehrzahl der umstrittenen Regelungen liegt hingegen im Bereich der wortübergreifenden Strategie. Sie betreffen die Groß- und Klein- oder noch häufiger die Zusammen- und Getrenntschreibung. Ich persönlich kann nicht recht nachvollziehen, warum die Debatte derart hitzig geführt wurde. Die diskutierten Punkte gehörten vorher und werden wohl immer zu den diffizilen Rechtschreibentscheidungen zählen, bei der die Mehrzahl der Schreiber unsicher ist und letzten Endes das Wörterbuch zu Rate zieht. Fehler sind normal und das fehlerfreie Schreiben aller Wörter stellt die Ausnahme dar. Die Frage, die sich in der Praxis stellt, ist doch vielmehr jene, wie Kindern die grundlegenden Strategien des Schreibens vermittelt werden können. Eben jene, mit denen sich der Großteil der Rechtschreibprobleme lösen lässt.

[27] *vgl. Mann C., 2002, S. 62ff.*

Welche Schreibstrategien wenden Kinder an?

Ein weiteres wichtiges Modell zur Rechtschreibkompetenz bei Kindern ist das so genannte Strategienmodell. Es trägt der Beobachtung Rechnung, dass sich die Schreibungen von Kindern oft nicht eindeutig einer Stufe zuordnen lassen. Kinder setzen sich im Schreib- und Leseunterricht immer auch mit ausgewählten Modellwörtern und ganzen Texten auseinander. Viele Kinder übernehmen hieraus die korrekte Schreibweise von Wörtern, die häufig vorkommen. So schreiben auch Kinder, die bevorzugt die Strategie *„Schreibe wie du sprichst"* einsetzen, Wörter wie *„Mutter"* oder *„Ball"* richtig. Es stellt sich hier zwangsläufig auch die Frage, wie Kinder an ungeübte Wörter herangehen. Langzeitstudien haben ergeben, *„dass Kinder im Durchschnitt in der zweiten Schuljahreshälfte der ersten Klasse zu phonetischen Verschriftungen übergehen und einige Monate später zu orthographischen"*[28]. Das bedeutet, dass es im überwiegenden Teil der Schulzeit und des Rechtschreibunterrichts darum geht, Kinder dabei zu unterstützen, den Übergang von der **Stufe 5** auf die **Stufe 6** des Entwicklungsmodells zu bewältigen. Empirische Untersuchungen zeigen, dass es für den Lernerfolg der Klasse insgesamt, speziell aber auch für die Fortschritte rechtschreibschwacher Kinder besonders günstig ist, wenn *„möglichst früh systematisch an der Rechtschreibung gearbeitet wird"*[29]. Interessanterweise konnte ein Zusammenhang von Lernerfolg und bestimmten Schreiblehrgängen oder Fibeln nicht nachgewiesen werden. Insbesondere Schreibungen, die erste Verwendungen orthographischer Muster zeigen, müssen differenzierter betrachtet werden, um geeignete Förderimpulse setzen zu können. Hierzu ist das Strategienmodell sehr hilfreich. Es geht davon aus, dass zum *„dudengerechten"* Schreiben auf verschiedene Schreibstrategien zurückgegriffen werden muss. Gute Rechtschreiber in allen Klassenstufen zeichnen sich dadurch aus, dass sie ausgewogen auf die verschiedenen Strategien zurückgreifen. Strategien werden dabei als *„operative Zugriffe, mit denen sich Kinder analytisch-konstruktiv Wörter erschreiben"*[30] verstanden. **Es wird zwischen fünf Strategien unterschieden, die zum Rechtschreiben von Bedeutung sind.**

[28] Valtin, R., 2000, S. 21
[29] May, P., 2001, S. 161
[30] Balhorn, H. & Büchner, I., 1998, S. 295

⊗ Logographische Strategie

Viele Kinder können schon vor Schuleintritt einige Wörter richtig aufschreiben oder lesen. In der Regel basiert dies auf der logographischen Strategie. Die Buchstabenkombinationen werden ganzheitlich visuell eingeprägt. Der Zusammenhang von Laut und Buchstabe wurde dabei noch nicht erkannt und die Kinder denken oft, dass die abgebildeten Symbole direkt (d.h. ohne *„Umweg"* über die Lautdarstellung) für den bezeichneten Gegenstand stehen. Beispielsweise steht das Buchstabenbild *„Tim"* in seiner Gesamtheit für den eigenen Namen und nicht etwa für die Laute /t/, /i/ und /m/. Häufig werden bei Schreibversuchen ohne Einsicht in das System der Alphabetschrift Buchstaben in ihrer Reihenfolge vertauscht oder zusätzliche angehängt, z.B. *„MAMAM"* oder *„AMAM"* für *„Mama"*.
Die Zahl der Wörter, die mit dieser Strategie gelernt werden kann, ist sehr begrenzt. Allerdings spielt sie als ergänzende Strategie beispielsweise für das Einprägen wichtiger, so genannter *„Miniwörter"* eine Rolle.

⊗ Alphabetische Strategie (A)

Um die alphabetische Strategie anzuwenden, müssen Kinder Phonemen passende Grapheme zuordnen. Sie ist die bevorzugte und nahezu ausschließliche Strategie von Kindern, deren Schreibungen auf den **Stufen 2–4** des Entwicklungsmodells einzuordnen sind. In eine Handlungsanweisung übersetzt, würde diese Strategie also lauten:

▸▸ ***„Schreibe wie du sprichst."***

Peter May, der die Hamburger Schreibprobe (HSP)[31] als Instrument zur strategiebezogenen Rechtschreibdiagnose entwickelt hat, zählt zu Leistungen auf alphabetischer Ebene auch, dass Kinder sehr häufige Rechtschreibmuster wie etwa *„ei"* und *„eu"* verwenden.[32] Kinder, die sich ausschließlich an ihrer Sprache orientieren, verschriften die entsprechenden Laute oft mit *„ai"* bzw. *„oi"*.
Bei vielen Wörtern lässt sich die *„dudengemäße"* Schreibweise nicht anhand einfacher Laut-Buchstaben-Zuordnung erschließen. Bei diesen Wörtern – oder genauer an bestimmten Wortstellen – müssen zusätzliche Strategien angewendet werden.

[31] *Die Hamburger Schreibprobe (HSP) gilt derzeit als der bevorzugte Test zur Ermittlung der Rechtschreibkompetenz von Kindern. Sie bietet standardisierte Werte für die Klassenstufen 1–9.*
[32] *vgl. May, P., 1998, S. 283*

⊗ Orthographische Strategie (O)

Orthographische Strategien müssen auf zwei Ebenen angewendet werden. Zum einen zählt hierzu die Anwendung orthographischen Regelwissens (OR). So wird aus *„schtreiten" „streiten"* und aus *„wolte" „wollte"*.

Zum anderen gilt es, sich bestimmte orthographische Merk-Elemente (OM) zu merken. Typische Merk-Elemente sind z.B. enthalten in: „Bahn", „Vater" oder „Hai". Leider werden Kinder durch unwissende Erwachsene – aber auch durch schlechtes Arbeitsmaterial – gerade in Bezug auf das so genannte *„stumme h"* immer wieder verunsichert. Häufig kommt es vor, dass Kindern gesagt wird, sie müssen einfach nur darauf achten, ob der Vokal lang sei und diesem dann ein *„h"* anfügen.

Es ist jedoch so, dass die große Mehrzahl der betonten langen Vokale nicht gekennzeichnet wird, weder durch ein nachfolgendes *„h"* noch durch Vokaldopplung.[33]

Mit der Aufforderung, die Frage nach dem *„h"* durch Abhören und Regelanwendung zu beantworten, leitet man die Kinder dazu an, unangemessene Strategien zu verfolgen.

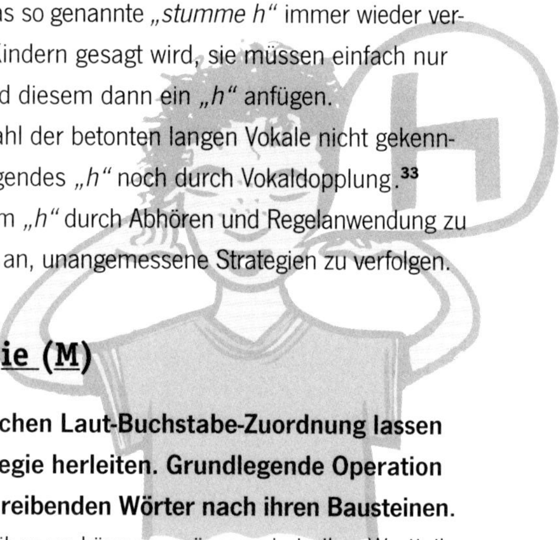

⊗ Morphematische Strategie (M)

Andere Abweichungen von der einfachen Laut-Buchstabe-Zuordnung lassen sich über die morphematische Strategie herleiten. Grundlegende Operation ist hier das Durchgliedern der zu schreibenden Wörter nach ihren Bausteinen. Um auch komplexe Wörter richtig schreiben zu können, müssen sie in ihre Wortteile zerlegt werden. Die Grundlage hierzu ist **morphematisches Strukturwissen (MS).** Nur so können die Kinder zwischen *„fertig"* und *„verkaufen"* differenzieren oder *„Fahrrad"* richtig schreiben. Relevant ist außerdem das **morphematische Bedeutungswissen (MB),** das notwendig ist, um den Wortstamm zu erschließen und so zur korrekten Verschriftung von *„Bäumen"* zu kommen.

[33] *vgl. Naumann, C. L., 1999, zitiert in: Naumann, C. L., 2000, S. 85
Sie können das gerne selbst einmal überprüfen und in einem beliebigen Abschnitt dieses Buches alle langen Vokale (mit Ausnahme des langen „i", das in der Regel mit „ie" dargestellt wird) mit und ohne Kennzeichnung zählen.*

⊗ Wortübergreifende Strategie (WÜ)

Um die richtige Schreibung abzuleiten, müssen oft Satzteile oder der ganze Satzzusammenhang in Betracht gezogen werden. Bereits am Ende der Grundschulzeit gelingt es der Mehrzahl der Kinder, einfache wortübergreifende Strategien anzuwenden. Dazu zählt die Kennzeichnung der Nomen (insbesondere der Konkreta) durch Großschreibung, die Berücksichtigung der Satzgrammatik durch das Setzen von Punkten sowie das Beachten der grammatischen Struktur, zum Beispiel bei der Deklination (schrieb dem lieben Gott ...).

In den höheren Schulklassen wird auch die Anwendung schwererer wortübergreifender Strategien gefordert. **Die Schüler lernen Satzzeichen in zunehmend komplexen Satzgefügen richtig zu setzen.** Auch die Herleitung der Groß- und Kleinschreibung auf höherem Niveau erfordert es, über die Betrachtung des einzelnen Wortes hinauszugehen.

Wie greifen Kinder auf die Strategien zurück?

Auf den verschiedenen Entwicklungsstufen werden die verschiedenen Zugriffsweisen unterschiedlich gewichtet, denn die Strategien entwickeln sich unterschiedlich schnell. Wesentlich ist die Tatsache, dass sich die Strategien, zeitlich nicht abgegrenzt, strikt aufeinander aufbauend entwickeln. **In der Regel greifen Kinder in ihrer Entwicklung schon früh auf verschiedene Strategien zurück – aber eben in unterschiedlicher Ausprägung.** Die Ausbildung des phonetischen Zugriffs (alphabetische Strategie) geht den anderen Strategien allerdings voraus. Heiko Balhorn und Inge Büchner stellen fest, dass im Bereich der orthographischen Elemente tendenziell zuerst eindeutige Regel-Elemente (sie zählen hierzu auch die Auslautverhärtung), dann Merk-Elemente und schließlich die morphematische Struktur berücksichtigt werden.[34] Sie berufen sich dabei auch auf empirische Ergebnisse von Peter May.[35]

[34] *Balhorn, H. und Büchner, I., 1998, S. 295*
[35] *vgl. May, P., 1993*

Der Rückgriff auf morphematische Strategien bedeutet für die Kinder einen wesentlichen Lernschritt auf ihrem Weg zum kompetenten Schreiber. Dazu müssen sie in der Lage sein, noch weiter von ihrem Bezug auf die gesprochene Sprache zu abstrahieren. **Die Verwendung orthographischer Merk- und Regel-Elemente bezieht sich noch auf die Silbe als kleinste artikulatorische Einheit.** Schwierige Lautverbindungen (z.B. *„ts“* in *„Geburtstag“*) oder komplexe Wortstrukturen lassen sich jedoch nur in Bezugnahme auf Morpheme als bedeutungstragende Einheiten auflösen.[36]
Die individuellen Unterschiede im Strategienprofil einzelner Kinder können mitunter gravierend sein. So kommt es nicht selten vor, dass Kinder mit besonderen Schwierigkeiten im Schreiben dem morphematischen Aufbau nicht allzu komplexer Wörter in ihren Schreibungen bereits Rechnung tragen, einfache Regel-Elemente wie etwa die Darstellung von /schp/ durch *„sp“* jedoch selbst in vertrauten Wörtern wie etwa *„spielen“* noch nicht berücksichtigen.

Der praktische Nutzen von Kenntnissen zur Entwicklung der Rechtschreibung

Das Wissen um die regelmäßige Entwicklung von Rechtschreibkompetenz hat großen praktischen Nutzen und didaktische Relevanz. Das Entwicklungsmodell stellt eine Sprache zur Verfügung, mit der bedeutende Phänomene beschrieben oder gar erst entdeckt werden können. Durch die Kenntnis des komplexen Lerngegenstandes *„Schreiben“* und der typischen Aneignungsprozesse von Kindern gelingt es, einen veränderten Zugang zu den individuellen Schreibungen einzelner Kinder zu gewinnen. Mit anderen Worten: **Aus dem Entwicklungsmodell können Antworten auf die Frage: *„Warum hat das Kind das Wort genau so geschrieben?“*, abgeleitet werden.** Aus den gefundenen Antworten können wiederum Maßnahmen abgeleitet werden, die das Kind zu mehr Rechtschreibsicherheit führen. Wie bedeutsam das Erklären von Schreibphänomenen vor dem Hintergrund bestimmter Modelle ist, möchte ich an einem kurzen Beispiel zeigen.

[36] vgl. ebenda, S. 5 (Die angegebenen Seitenzahlen beziehen sich auf einen Internetausdruck.)

In einem Text hat Markus „Kob“ für das Wort Korb geschrieben. Aus der Schreibung selbst lassen sich noch keine Fördermöglichkeiten ableiten. Auf rein beschreibender Ebene ließe sich lediglich sagen: *„Wo ein ‚r‘ sein sollte, hat Markus keines geschrieben.“* Auf die Beschreibung folgt nun ein Erklärungsversuch – in diesem Fall durch Lehrkräfte.

Lehrer A. sagt: „Markus hat das *‚r‘* vergessen. Er muss sich beim Schreiben mehr konzentrieren.“

Lehrer B. sagt: „Markus hat bei der Analyse von Konsonantenhäufungen noch Schwierigkeiten, insbesondere wenn er sich im gleichen Wort auf andere Besonderheiten (hier: Endlautverhärtung) konzentriert.“

Sicher können Sie sich vorstellen, dass entsprechend der unterschiedlichen Hypothesen die Reaktionen des Lehrers auf das vergessene bzw. das nicht analysierte *„r“* sehr unterschiedlich aussehen werden.
Erklärungsversuche und die Planung von Unterricht bzw. Fördermaßnahmen stehen also in direktem Zusammenhang miteinander. Erst auf der Basis genauer und theoretisch fundierter Beschreibungen bzw. Erklärungsversuche ist eine Anpassung von Lernstand und Lernangebot herzustellen.

Die Lernstandsbeschreibung vor dem Hintergrund eines geeigneten Modells ermöglicht es außerdem, unterschiedliche Entwicklungsverläufe zu vergleichen. So können Auffälligkeiten frühzeitig aufgedeckt und gegebenenfalls ausgeglichen werden. Um diese beiden Bereiche, Beschreibung und Beurteilung des Lernstandes, soll es in den folgenden Kapiteln gehen.

FÖRDERDIAGNOSTIK AUF DER BASIS FREIER TEXTE

Vorteile und Grenzen

Aus den Erkenntnissen zur Entwicklung der Rechtschreibkompetenz ergibt sich ein Paradigmenwechsel für die Diagnose des Lernstandes. **Es kann nicht mehr darum gehen, einfache Falsch-Richtig-Entscheidungen zu treffen.** Rechtschreibtests, die – wie etwa der DRT (Diagnostischer Rechtschreibtest) – ausschließlich auf dem Auszählen falsch geschriebener Wörter basieren, gelten als überholt, zumal die Wortauswahl dieser Tests äußerst fragwürdig ist.[37] Ausgehend von der These, dass Fehlschreibungen Ausdruck der subjektiven Auseinandersetzung mit dem Lerngegenstand Rechtschreibung sind, musste ein System entwickelt werden, um die verschiedenen Schreibphänomene von Kindern zu strukturieren. **Peter May hat dies mit der Hamburger Schreibprobe getan und einen standardisierten Test vorgelegt, mit dem die Leistungen von Kindern in Beziehung zur Gleichaltrigengruppe (später sogar differenziert nach Schulformen) gesetzt werden können.**
Die Auswertung des Tests auf verschiedenen Ebenen *(wort-, graphem- und strategiebezogen)* und die Gegenüberstellung der Unterergebnisse lassen ein vielschichtiges Bild von den Stärken und Schwächen des Kindes in der Rekonstruktion von Wörtern entstehen. **Daraus lassen sich konkret Fördermaßnahmen ableiten, die das Kind fordern, aber nicht überfordern.**

Förderdiagnostik beruht aber nicht allein darauf, dass in der Diagnostik gezogene Schlüsse in der Förderung angewendet werden. Förderdiagnostik bedeutet auch, dass der Lernstand immer wieder überprüft werden muss. Nur so kann eine kontinuierliche Anpassung von Lehrmethode und Entwicklungsstand gewährleistet und die Effektivität der bisherigen Lernangebote evaluiert werden. Dazu ist ein Test nur begrenzt geeignet.[38]
Es erscheint also sinnvoll, standardisierte Schreibanalysen mit der Analyse informeller Texte zu kombinieren. Hierfür spricht auch eine weitere, häufig zu machende Beobachtung, die im Folgenden beispielhaft dargestellt wird.

[37] *Dies heißt leider nicht, dass solche Tests in der testpsychologischen Praxis nicht mehr angewendet werden.*
[38] *vgl. May, P., 1998, S. 279*

Ein Fallbeispiel: Da Simon im Vergleich zu den anderen Kindern seiner Klasse deutliche Schwächen in der Rechtschreibung zeigte, wurde mit ihm die Hamburger Schreibprobe durchgeführt. So sollte sein persönliches Strategienprofil ermittelt werden. Die Auswertung der Schreibprobe ergab, dass alle Strategien gleichmäßig niedrig ausgeprägt waren.
Eine signifikante Ausnahme bildete die wortübergreifende Strategie. Simon erreichte hier einen Prozentrang von 70. Dieses Ergebnis erstaunte uns sehr, denn gerade die – selbst grundlegenden – Regeln der Groß- und Kleinschreibung und das Setzen von Punkten waren in seinen Texten eine augenfällige Schwäche.

Um dieses Phänomen zu erklären, ist es hilfreich, sich die kognitiven Anforderungen bewusst zu machen, die das Schreiben *vorgegebener Wörter und Sätze* auf der einen und *das Verfassen freier Texte* auf der anderen Seite stellen.[39] In der ersten Situation kann sich das Kind voll auf die Rechtschreibung konzentrieren. Wortwahl und Satzstruktur sind vorgegeben. Demgegenüber ist die Rechtschreibung beim Verfassen freier Texte in einen komplexen Prozess eingebettet. Erstes Ziel ist für den Schreiber hier, einen Inhalt zu vermitteln, von dem er möglicherweise emotional sehr betroffen ist. Der Fokus der Aufmerksamkeit liegt also nicht, wie beim Schreiben in der Testsituation, bei der Orthographie, sondern eher bei Aspekten des Formulierens. Während beim Test in hohem Maße das Rechtschreibwissen abgefragt wird, kommen beim Verfassen freier Texte eher die Strategien der Regelanwendung zum Tragen.[40]

Die scheinbar konträren Ergebnisse von Test und informeller Analyse können vor diesem Hintergrund wieder zusammengebracht werden. Bei Simon wurde die Hypothese aufgestellt, dass er zwar über gute Kenntnisse im Bereich der wortübergreifenden Strategie verfügt, auf diese aber beim spontanen Schreiben noch nicht zurückgreifen kann. Entsprechend lernte er in der nächsten Zeit hilfreiche Kontrollstrategien

[39] *vgl. ebenda, S. 290*
[40] *vgl. auch Mann, C., 2002, S. 16*

mit dem Schwerpunkt Groß- und Kleinschreibung. In der Nachbearbeitung verschiedener Texte wurde ein besonderer Fokus auf die Anwendung eben dieser Strategien gelegt. So konnte Simon nach einiger Zeit seine Fehlerzahl beim Groß- und Kleinschreiben und damit auch insgesamt deutlich verringern. Auf ein (an seinen Problembereichen vorbeigehendes) Regeltraining zur Groß- und Kleinschreibung wurde verzichtet.

Die kognitiven Anforderungsprofile von Test und freiem Schreiben sind also sehr unterschiedlich. Außerdem kann die Nichtübereinstimmung der jeweiligen Schreibwortschätze zu differenten Strategieprofilen führen.[41] **Die Wortwahl in freien Texten orientiert sich vor allem am Wortschatz der gesprochenen Sprache und ist immer auf den Inhalt des Textes bezogen. Die Motivation zur Verwendung eines Wortes leitet sich direkt aus ihrem Gebrauchswert für den Erzählzusammenhang ab.** Eingegrenzte Schreibwortschätze, die im Rechtschreibunterricht durchaus ihre Berechtigung haben, spielen kaum eine Rolle. Entsprechend kommen Schreibanfänger schnell in die Situation, dass sie sehr schwierige Wörter schreiben, die allein am Entwicklungsstand gemessen eine Überforderung darstellen. Fehlschreibungen sind die natürliche Konsequenz. Niemand würde erwarten, dass ein Kind nach vier Monaten Schulbesuch *„Weihnachtsbaum"* richtig schreiben kann. *„Wainzaum"* kann da schon eine gute Leistung sein. Einmal mehr wird deutlich: Es kommt in der Rechtschreibförderung weniger auf eine quantitative Auswertung richtig oder falsch geschriebener Wörter an.

Quantitativ gemessen machen Kinder in freien Texten oft mehr Fehler als in Tests oder sorgfältig am Schreibwortschatz orientierten Diktaten. Das ist kein Grund zur Beunruhigung. Im Gegenteil zeugen geschriebene Geschichten, die auf einen großen, an der Alltagssprache orientierten Wortschatz zurückgreifen, von einem gut ausgeprägten Selbstvertrauen, sich auch an lange und schwere Wörter heranzutrauen. Orthographische Kenntnisse auch auf die Alltagssprache anzuwenden, ist schließlich die Zielkompetenz der Rechtschreibförderung.

41 *vgl. May, P., 1998, S. 292*

Nicht für alle Kinder spielen orthographische Erwägungen bei der Wortauswahl eine untergeordnete Rolle. Gerade rechtschreibschwache Kinder haben oft eine so massive Angst vor Fehlern aufgebaut, dass sie in ihren Texten nur einfache und häufig geübte Wörter benutzen. In dem Bemühen, Fehler auf jeden Fall zu vermeiden, geraten ihre fantasievollen mündlichen Erzählungen zu niedergeschriebenen Geschichten aus ein bis zwei Sätzen. Einige trauen sich überhaupt nicht mehr zu, eigene Texte zu verfassen.

Derart zusammengeschrumpfte Texte machen es oft schwer, den tatsächlichen Lernstand des Kindes zu ermitteln. Schließlich kann ja nur ausgewertet werden, was auch gezeigt wurde. Die Überwindung der Schreibblockade durch den Abbau von Angst vor Fehlern und die Entwicklung von mehr Selbstbewusstsein beim Schreiben müssen hier Schwerpunkte der weiteren Förderung sein. Einige Möglichkeiten, die diesen Bereich unterstützen, sind im letzten Kapitel beschrieben.

▸▸ **Wie kann nun eine Strategienanalyse auf der Basis freier Texte aussehen?**

Warum ein Leitfaden zur informellen Strategienanalyse ?

Die Ermittlung des Lernentwicklungsstandes von Kindern macht sicher immer Sinn. Sie ermöglicht es, differenzierte und passende Lernangebote zu entwickeln. Besonders wichtig ist die Kenntnis der Lehrkraft zum aktuellen Entwicklungsstand jedoch bei schwachen Kindern. Ralph Weigt hält es für einen wesentlichen Grundsatz in der Förderung rechtschreibschwacher Schüler, dass der (Förder-)Lehrer den Lernstand des Kindes kontinuierlich analysiert und Lehr- und Lernprozesse reflektiert.[42] Dass die Analyse freier Texte der Forderung nach Kontinuität besonders entspricht, wurde bereits oben erläutert. Aus dem Bedürfnis nach einem Instrument zur stetigen Reflexion der Lernentwicklung rechtschreibschwacher Schüler entstand der im Folgenden vorgestellte Leitfaden zur informellen Strategienanalyse. Er entwickelte sich vor dem Hintergrund meiner praktischen Arbeit als Lerntherapeutin mit einzelnen Kindern oder kleinen Gruppen.[43] Entsprechend zielt der Leitfaden weniger auf eine quantitative Vergleichbarkeit von Leistungen, also auf deren Bezug auf sachliche Normen.
Dies ist wohl auf der Grundlage freier Texte nur äußerst begrenzt und mit erheblichem Aufwand möglich.[44] Mittels standardisierter Tests wie der Hamburger Schreibprobe kommt man hier zu zuverlässigeren Ergebnissen.
Ziel des Leitfadens zur informellen Strategienanalyse ist es vielmehr, Hilfestellung bei der Bildung von Hypothesen zur individuellen Lernentwicklung einzelner Kinder zu geben. Wichtige Erkenntnisse der Lernpsychologie sollen dabei für die Praxis nutzbar gemacht werden. Wissenschaftliche Ergebnisse spiegeln sich sowohl in der Struktur des Leitfadens als auch im Erläuterungstext wider. Dieser individuell vergleichende Zugang zu den konkreten Leistungen und Fortschritten eines Lernenden ist meines Erachtens besonders bei der Förderung rechtschreibschwacher Kinder wesentlich. Beim stetigen Vergleich mit sachlichen Normen geraten individuelle Fortschritte oft zu schnell aus dem Blick – auch aus dem der fördernden Person. Dass sich dies kaum positiv auf deren Erfolgserwartung und auf den Förderprozess insgesamt auswirken wird, ist absehbar – Pygmalion lässt grüßen!

42 vgl. Weigt, R., 2001, S. 167; vergleiche hierzu auch: May, P., 2001, S. 161f.
43 Alle in den Erläuterungen angeführten Beispiele sind Zitate aus Kindertexten.
44 Hinweise hierzu finden sich in den zahlreichen Veröffentlichungen von Peter May.

Es ist sehr wichtig, die auf der Grundlage des Leitfadens gewonnenen Einsichten als Hypothesen zu begreifen. Sie beruhen auf Deutungen von Phänomenen, sind also nicht mit Wahrheiten zu verwechseln. **Bestimmte Schreibphänomene lassen in der Regel verschiedene Hypothesen zu.** Zum Beispiel kann bei *„der eltere Bruder"* auf ein ausschließlich alphabetisches Verschriftungsprinzip geschlossen werden. Möglicherweise entstand diese Schreibung aber auch, weil das Wortbild der Ausnahme *„Eltern"* eingeprägt und dann gewissermaßen nach dem Wortstammprinzip auf das Adjektiv *„ältere"* übertragen wurde.

Aus der Perspektive des wissenden Schreibers können wir am ehesten Beurteilen, welche angemessenen Strategien nicht herangezogen wurden. Wir können jedoch nicht zweifelsfrei erklären, wie es zu einer bestimmten Fehlschreibung kam. Was für Fehlschreibungen gilt, trifft natürlich auch auf richtig geschriebene Wörter zu. Richtigschreibungen müssen nicht unbedingt auf angemessene Strategien zurückzuführen sein. So kann beispielsweise die richtige Verschriftung des /i:/ in *„Vampir"* als Hinweis auf die Kenntnis der Abweichung von der regelhaften *„ie"*-Schreibung gedeutet werden. Es ist jedoch ebenso möglich, dass das relativ durchgängige Prinzip der *„ie"*-Schreibung für /i:/ vom Schreiber noch gar nicht erkannt wurde. Dieser Problematik kann nur Rechnung getragen werden, indem andere Schreibungen in die Bildung oder – falls das gegebene Wortmaterial einen sofortigen Vergleich nicht zulässt – in die Überprüfung von Hypothesen miteinbezogen werden.

Prinzipiell ist der Leitfaden auf alle Textproduktionen von Kindern anzuwenden. Das schließt auch Diktate mit ein. Diese bieten den Vorteil, dass Zugriffsweisen unterschiedlicher Kinder auf einen gleichen Wortschatz verglichen werden können. Ich gebe jedoch zu bedenken, dass besonders schwache

Schüler in einer von Anspannung und Angst gekennzeichneten Situation, wie sie das Diktatschreiben für sie in der Regel darstellt, oft nicht in der Lage sind, all ihr Können zu zeigen. Häufig ist zu beobachten, dass sie in überwunden geglaubte Muster (z.B. ausschließliche Orientierung an der Aussprache) zurückfallen.

Bei der Analyse freier Texte ist es günstig, wenn die Kinder die Gelegenheit hatten, ihren Text zu überarbeiten.

Die emotionale Eingebundenheit in die erzählte Geschichte führt beim Schreiben freier Texte, wie bereits erwähnt, häufig dazu, dass die Kinder ihre Aufmerksamkeit nicht primär auf die Anwendung orthographischer Kenntnisse richten. In entspannter Atmosphäre und am besten mit etwas zeitlichem Abstand finden sie dann häufig noch Fehler und der überarbeitete Text lässt nun eher Schlüsse auf ihren tatsächlichen Entwicklungsstand zu.

⊗ Hinweise zur Anwendung des Leitfadens

Der Leitfaden ist so konzipiert, dass er in einem möglichst breiten Spektrum zu beurteilender Schreibentwicklung gewinnbringend eingesetzt werden kann. Für Kindertexte, die noch Entwicklungsstufen vor der voll ausgeprägten phonetischen Strategie **(Stufe 4)** zuzuordnen sind, ist die Anwendung des Leitfadens nur eingeschränkt sinnvoll, da die Mehrzahl der abgefragten Schreibphänomene noch gar nicht gezeigt werden. In der Förderung ist das Lernziel zunächst, Wörter zunehmend phonetisch vollständig zu verschriften.

Ich bitte auch ausdrücklich darum, den Leitfaden nicht als Fragebogen misszuverstehen! Um zu hilfreichen Hypothesen zu gelangen, ist es keineswegs notwendig, immer alle Fragen zu beantworten. Natürlich müssen Texte, die erst vorsichtige Annäherungen an orthographische Prinzipien zeigen, nicht unbedingt auf komplexe, wortübergreifende Strategien hin untersucht werden. Aber auch das Auszählen von richtigen und falschen Wörtern und Graphemen ist nicht immer notwendig. Der Leitfaden wird im weiteren Verlauf des Buches näher erläutert und auf die konkrete Auswertung einzelner Bereiche speziell eingegangen. Zusätzlich soll das nötige Hintergrundwissen dazu veranschaulicht werden.

Leitfaden zur informellen Strategienanalyse auf der Basis freier Texte

Name: ______________________ **Klasse:** ________ **Datum:** ________

Beobachtungshintergrund: ____

____

Anmerkungen zum Inhalt des Textes: ____

____

____

1. Wortbezogene Auswertung:

Summe der Wörter: [ ]

Summe der richtigen Wörter: [ ] = %

Summe der falschen Wörter: [ ] = %

Auffälligkeiten im **Schreibwortschatz** (Bevorzugung einfacher Häufigkeitswörter; keine Wortstellen zu einer best. Strategie):

____

____

Sind **Häufigkeitswörter** in der Regel richtig? Wenn nein: Welche sind falsch?

____

____

Gibt es **Wörter, die unterschiedlich verschriftet wurden?** Wenn ja, welche?

____

____

Welchen Strategien sind die unterschiedlichen Stellen zuzuordnen?

[A] ○ [OR] ○ [OM] ○ [MB] ○ [MS] ○ [WÜ] ○

2. Graphembezogene Auswertung:

Summe der Grapheme: [ ]

Summe der richtigen Grapheme: [ ] = %

Wie viele Wörter haben mehr als ein falsches Graphem? [ ]

3. Strategienanalyse:

Alphabetische Strategie (A)

Summe der falschen Stellen: [ ] = %

Summe der richtigen Stellen: [ ] = %

Die Darstellung **welcher Laute/Lautverbindungen** fällt noch schwer?

____

____

Ist die **Unterscheidung Buchstabe/Laut** klar? Wenn nein: Wo nicht?

____

____

Werden **Konsonantenhäufungen** vollständig dargestellt?
Wenn nein: Welche Laute/Stellung in der Silbe nicht? ____________________

____

Wurden **überflüssige Laute** (phonologische Nuancen oder Wortergänzungen) verschriftet? ____________________

____

Zusammenfassende Hypothesen zur Ausprägung der alphabetischen Strategie: ____________________

____

2.

Orthographische Strategie (O)

Regel-Elemente (OR)

Summe der falschen Stellen: ☐ = %
Summe der richtigen Stellen: ☐ = %

Welche Regeln wurden **konstant richtig** angewendet? ____________________

____

Welche Regeln wurden **manchmal richtig** angewendet? ____________________

____

Beispielwörter: ____

____

Welche Regeln wurden **konstant nicht** angewendet?

____

____

Zusammenfassende Hypothesen zu den subjektiven Theorien im Bereich der orthographischen Regel-Elemente: ____________________

____

____

Merk-Elemente (OM)

Summe der falschen Stellen: ☐ = %
Summe der richtigen Stellen: ☐ = %

Welche Merk-Elemente wurden **gezeigt?** ____________________

____

Welche Merk-Elemente wurden **manchmal gezeigt?** ____________________

____

____

Beispielwörter: ____________________

____

Welche Merk-Elemente wurden **nicht gezeigt?** ____________________

____

____

Zusammenfassende Hypothesen zu den subjektiven Theorien im Bereich der Merk-Elemente: ____________________

____

____

Morphematische Strategie (M)

Morphematisches Bedeutungswissen (MB)

Summe der falschen Stellen: [ ] = %
Summe der richtigen Stellen: [ ] = %

Wurde der **Wortstamm** richtig erschlossen bzw. **richtig abgeleitet?**
Wenn nein: Wo nicht? ____________________

____

____

Zusammenfassende Hypothesen zu den subjektiven Theorien im Bereich des morphematischen Bedeutungswissens: ____________________

____

____

Morphematisches Strukturwissen (MS)

Summe der falschen Stellen: ☐ = %

Summe der richtigen Stellen: ☐ = %

Welche morphematischen Strukturen (z.B. Komposita, Vorsilben, Endungen, Fugen) wurden **konstant beachtet?** ____________________

____

Welche morphematischen Strukturen wurden **manchmal beachtet?**

____

Beispielwörter: ____________________

____

Welche morphematischen Strukturen wurden **nicht beachtet?**

____

Zusammenfassende Hypothesen zu den subjektiven Theorien im Bereich des morphematischen Strukturwissens: ____________________

____

Wortübergreifende Strategie (WÜ)

Summe der falschen Stellen: ☐ = %

Summe der richtigen Stellen: ☐ = %

Groß- und Kleinschreibung

Welche Regeln zur Groß- und Kleinschreibung wurden **immer beachtet?**

____

____

____

Welche Regeln zur Groß- und Kleinschreibung wurden **manchmal beachtet?**

____

____

Beispiele: ____

____

Welche Regeln zur Groß- und Kleinschreibung wurden **nicht beachtet?**

____

____

Zusammenfassende Hypothesen zu den subjektiven Theorien im Bereich der Groß- und Kleinschreibung: ____

____

____

Zeichensetzung

Welche Satzzeichen wurden **sicher eingesetzt?**

____

Welche Satzzeichen wurden **unsicher eingesetzt?**

____

Welche Satzzeichen wurden **nicht eingesetzt?**

____

Zusammenfassende Hypothesen zu den subjektiven Theorien im Bereich der Zeichensetzung: ____

____

____

Zusammen- und Getrenntschreibung

Gibt es Fehler im Bereich der Zusammen- und Getrenntschreibung?
Wenn ja: An welchen Stellen? ______________________________

____

____

Beispiele: ______________________________

____

Zusammenfassende Hypothesen zu den subjektiven Theorien im Bereich der Zusammen- und Getrenntschreibung: ______________________________

____

____

Grammatische Unterscheidungen

Gibt es Fehler im Bereich der Grammatik?
Wenn ja: In welchen grammatischen Bereichen?

____

Beispielwörter: ______________________________

____

Zusammenfassende Hypothesen zu den subjektiven Theorien im Bereich grammatischer Unterscheidungen: ______________________________

____

____

Zusammenfassung der Hypothesen zur wortübergreifenden Strategie:

____

____

Überflüssige orthographische Elemente

Summe der überflüssigen orthographischen Elemente (ÜO): ______ = %

Welche überflüssigen orthographischen Elemente werden **besonders häufig eingesetzt?** ______

______

Wurden die überflüssigen orthographischen Elemente **ihrer Funktion entsprechend eingesetzt?** ______

______

Welchen Strategien sind die **überflüssigen orthographischen Elemente** zuzuordnen und auf welche **subjektiven Theorien** lassen sie schließen?

______

______

______

______

4. Oberzeichenfehler (OZ)

Summe der Oberzeichenfehler (OZ): ______

An welchen Stellen treten Oberzeichenfehler gehäuft auf?

______

______

Hypothesen bezüglich Arbeitsgenauigkeit und Konzentrationsanforderungen: ______

______

ERLÄUTERUNGEN ZU DEN VERSCHIEDENEN AUSWERTUNGS-BEREICHEN

Schreibversuche (be-)deuten

Im Folgenden werden die einzelnen Stichpunkte des Leitfadens näher erläutert. Erst ein guter theoretischer Hintergrund ermöglicht es nämlich, Schreibversuche von Kindern richtig zuzuordnen und die richtigen Schlüsse daraus zu ziehen.

Wortbezogene Auswertung

Die wortbezogene Auswertung dient vor allem dazu, einen ersten Überblick über den Text zu gewinnen. Peter May stellt fest, dass es für die Analyse freier Texte Sinn macht, eher komplexere Wörter zu betrachten und Wortwiederholungen sowie einfache, häufige Wörter außen vor zu lassen.[45] Werden alle Wörter in die Analyse einbezogen, kann dies leicht zu einer Verfälschung der Ergebnisse führen. Dies wird offensichtlich, wenn man berücksichtigt, dass von den 100 häufigsten Wörtern der deutschen Sprache ausgesprochen viele orthographische Elemente enthalten.[46] Diese Wörter werden jedoch (was in Anbetracht ihres ebenfalls sehr hohen Anteils an Wörtern mit Merk-Elementen auch sinnvoll ist) in der Regel ganzheitlich, quasi *logographisch* eingeprägt und wiedergegeben. Mit der Anwendung orthographischer Regeln hat dies wenig zu tun. Entsprechend werden Fehler bei Häufigkeitswörtern in der wortbezogenen Auswertung gesondert erfasst.

⊗ Anteil richtiger und falscher Wörter

Für einige Lehrer ist es von Interesse zu wissen, wie viele Wörter richtig und wie viele falsch geschrieben wurden. Je nach Klassenstufe und Schulform müssen für die Benotung der Rechtschreibung bestimmte Quotienten berücksichtigt werden.
In der Förderung rechtschreibschwacher Kinder spielen solche eher quantitativen Auswertungsmethoden eine sehr untergeordnete Rolle, da sie keinen Aufschluss über individuelle Problembereiche oder Stärken eines Schülers geben.
Der prozentuale Anteil falscher Wörter ist jedoch im Vergleich mit dem Anteil falscher Wörter, in denen mehr als ein Graphem nicht richtig dargestellt wurde, noch einmal von Interesse (s. S. 63).

[45] *May, P., 1998, S. 285*
[46] *vgl. Meier, 1967, zitiert in: Spitta, G., 2000, S. 77*

⊗ Auffälligkeiten im Schreibwortschatz

Wie bereits dargestellt, steht die Aussagekraft von Analysen freier Texte in engem Zusammenhang mit dem verwendeten Schreibwortschatz. Es ist darum notwendig, bewusst den Blick darauf zu richten, über welche Bereiche auf der Basis eines bestimmten Textes überhaupt Aussagen getroffen werden können. Gerade bei rechtschreibschwachen Kindern, die sich beim Schreiben wenig zutrauen und Fehler dadurch vermeiden, dass sie versuchen, nur gekonnte Wörter zu schreiben, ist eine umfassende Strategienanalyse auf der Basis eines einzelnen Textes manchmal nur begrenzt möglich. Die Texte sind oft sehr kurz und in einigen Fällen kommen Wörter, die komplexere Zugriffsweisen (vor allem morphematische) erfordern, gar nicht vor. Stattdessen dominieren Häufigkeitswörter den Text. Dennoch kann eben die Erkenntnis, dass ein Kind sich nicht zutraut, auch unbekannte Wörter zu schreiben, sehr hilfreich sein. Wer beim Betrachten solcher kurzen, einfach aufgebauten Texte den Schluss zieht, das Kind habe eben keine Lust zum Schreiben oder sei gar faul, verbaut sich einen verstehenden Zugang zum Kind. Kommentare wie: *„Dein Text ist zu ungenau."* unterstützen das Kind wohl kaum dabei, beim nächsten Mal mehr zu schreiben. Niedrige Motivation und Vermeidungsverhalten sind meiner Erfahrung nach eher sekundäre Phänomene, die erst aus einer geringen Erfolgserwartung resultieren. **Wenn Kinder mehr Zutrauen in die eigenen Fähigkeiten entwickeln und erfahren, dass Fehler gemacht werden dürfen, ohne negative Konsequenzen fürchten zu müssen, schreiben sie in der Regel auch bald mehr.** Bei einigen Kinder hilft es bereits, immer wieder die richtigen Wörter zu zählen und dem Kind die Zahl rückzumelden. Ich habe oft erlebt, dass die Kinder dann eine große Motivation entwickeln, mehr richtige Wörter zu sammeln und im Schreiben mutiger werden, auch wenn sie dadurch riskieren, mehr Fehler zu machen.

Eine gute Möglichkeit, mit solchen Texten umzugehen, bietet auch eine der von Alex Molnar und Barbara Lindquist vorgestellten lösungsorientierten Techniken, nämlich die der positiven Konnotation des Motivs.[47] Sie basiert auf der Annahme, dass ein bestimmtes Verhalten (hier also das Schreiben von Texten, die sich durch einen sehr begrenzten Schreibwortschatz auszeichnen) vielfältige Erklärungen, Bedeutungen und Funktionen haben kann und es darauf ankommt, jene Erklärungen herauszugreifen, die für eine Veränderung des Verhaltens brauchbar sind.[48] Für das konkrete Vorgehen bedeutet dies, dass die Lehrkraft zunächst reflektiert, welche Motive sie gegenwärtig dem Kind unterstellt. Das könnte in diesem Beispiel etwa mangelnde Motivation sein. Im Anschluss daran versucht sie mehrere alternative und positive Motive zu finden und wählt dann jenes aus, das sie am überzeugendsten findet. Dies könnte beispielsweise sein, dass das Kind das ehrenwerte Ziel hat, möglichst wenig Fehler zu machen und dafür sogar in Kauf nimmt, dass der Text nicht so gut und umfangreich wird, wie es ihm eigentlich möglich wäre. Dem Kind gegenüber formuliert die Lehrkraft nun ein oder zwei Sätze, die die Annahme des positiven Motivs beschreiben.
Natürlich wird diese Intervention nur dann erfolgreich sein, wenn es der Lehrkraft tatsächlich gelingt, *„das, was scheinbar ein negatives Motiv ist, skeptisch zu betrachten und an ein mögliches positives Motiv des problematischen Verhaltens zu glauben."*[49]
Der Erfolg kann auch durchaus darin liegen, dass sie selbst zu einer Einstellungsänderung gegenüber dem Verhalten des Kindes kommt und entsprechend handeln kann.

⊗ Beurteilung der Häufigkeitswörter

Häufigkeitswörter werden jene Wörter genannt, die in Sprache und vor allem auch in der Schrift besonders oft verwendet werden. Hierzu zählen beispielsweise die Artikel, Präpositionen oder Personalpronomen.[50] Es lohnt oft, die Schreibung von Häufigkeitswörtern in einem Text gesondert zu betrachten.
Eine Einordnung in Bezug auf den Lernstand ist hier ausdrücklich nur im Abgleich mit der Analyse anderer Wörter möglich. So kann es beispielsweise vorkommen, dass ein guter Rechtschreiber eine Phase hat, in der er viele Häufigkeitswörter falsch schreibt. Weil er dabei ist, in seine Schreibungen Elemente einzubeziehen, die über die einfache

[47] vgl. Molnar, A. & Lindquist, B., 2002, S. 81ff.
[48] vgl. ebenda, S. 26
[49] ebenda, S. 89

Analyse des Lautstroms hinausgehen, wird sein *„wir“* zum *„wier“* und sein *„hat“* zum *„hatt“*. Diese Fehler lassen leicht auf die subjektiven Schreibstrategien des Kindes zurückschließen. Eine Richtigschreibung ist zu solchen Schlüssen weniger geeignet. So wäre es beispielsweise möglich, dass das Kind sich die Abweichung von einem orthographischen Prinzip eingeprägt hat, aber auch, dass es das Wort allein auf alphabetischer Basis schreibt.
Aus einem weiteren Grund kann die gezielte Betrachtung der Häufigkeitswörter hilfreich sein: **Gerade in der Förderung rechtschreibschwacher Schüler ist es wichtig, den Kindern das Erleben authentischer und nachvollziehbarer Erfolgserlebnisse zu ermöglichen.** Hierzu sind die Häufigkeitswörter besonders gut geeignet. Aufgrund ihres hohen Gebrauchswertes in Texten macht derjenige, der sie sicher beherrscht, schnell verhältnismäßig mehr richtig. Ihr hoher Anteil an Merk-Elementen rechtfertigt ein Einüben auf ganzheitlicher, logographischer Ebene[51], wobei man den Kindern diese Art des Zugriffs als eine von mehreren und als unzulänglich für andere Wörter transparent machen sollte.

⊗ Wörter, die in verschiedenen Schreibweisen präsentiert werden

Einen besonderen praktischen Wert haben oft auch solche Wörter, die an verschiedenen Stellen unterschiedlich verschriftet wurden. Es muss jedoch genau betrachtet werden, worauf die unterschiedlichen Schreibweisen zurückzuführen sind. Werden im gleichen Text mehrmals Schreibungen wie *„eine Alte Dame“* gezeigt und ist im gleichen Text auch einmal *„die alte Dame“* zu finden, liegt die Hypothese nahe, dass der Schüler auf einem guten Weg ist, seine subjektive Theorie zur Groß- und Kleinschreibung weiter auszudifferenzieren. Während die erste Schreibung noch für seine alte Theorie *„nach einem Artikel schreibe ich immer groß“* steht, hat er beim zweiten Mal berücksichtigt, dass das Nomen dem Artikel nicht zwangsläufig direkt folgen muss.

[50] Eine Zusammenstellung der 100 häufigsten Wörter der deutschen Sprache nach Meier finden Sie bei: Spitta, G., 2000, S. 77
[51] vgl. Berens, C., 2002

Es ist sehr effektiv, Kinder auf solch unterschiedliche Schreibungen aufmerksam zu machen und mit ihnen gemeinsam die entsprechenden Rechtschreibphänomene zu reflektieren. Zum einen sind die unterschiedlichen Schreibungen ein Signal dafür, dass das Kind bereit ist, alte, unangemessene Rechtschreibsicherheiten aufzugeben und das Maß an Verunsicherung zuzulassen, das zum Lernen notwendig ist. Diese Rechtschreibbereiche können oft schneller und nachhaltiger erarbeitet werden und sollten darum, wenn möglich, für dieses Kind ein Übungsschwerpunkt sein.

In Bereichen, in denen das Kind noch ausschließlich auf seine subjektiven Theorien vertraut, zeigt Üben häufig nicht den gewünschten Erfolg. Hier kann man zwar die Regeln lernen lassen und die Kinder können diese auf Nachfrage auch oft wiederholen, die Übertragung in freie Schreibsituationen gelingt aber oft nicht. Christian Morgenstern hat einmal passend formuliert: *„Eine Wahrheit kann erst wirken, wenn der Empfänger für sie reif ist.“* Unterschiedliche Schreibungen können ein Signal für diese Reife sein.

Zum anderen bietet die Thematisierung unterschiedlicher Schreibweisen, von denen eine die normgerechte sein sollte, die Möglichkeit, sich am Positiven zu orientieren. So wird man den Schüler nicht fragen, warum er das Wort denn an dieser Stelle falsch geschrieben hat, obwohl er es doch anscheinend besser weiß. Gerade in der Arbeit mit rechtschreibschwachen Kindern ist es wichtig, die Frage aus der entgegengesetzten Perspektive zu betrachten. *„Schau mal, du hast die gleiche Stelle zweimal unterschiedlich geschrieben. Diese hier ist richtig. Ich frage mich, was du wohl an dieser Stelle gedacht oder gemacht hast, dass dir das gelungen ist.“* Sicher wird das Kind motivierter sein, darüber nachzudenken, wie ihm etwas Gutes gelungen ist, als darüber, warum es etwas falsch gemacht hat. Außerdem ist die Hauptfrage für Kinder auf ihrem Weg zum kompetenten Rechtschreiber ohnehin die, was es tun muss, um richtig zu schreiben und nicht die, was es unterlassen soll. **Die Anweisung, etwas zu unterlassen, hinterlässt eine große Lücke. Aus ihr geht noch nicht hervor, was denn getan werden soll, um ein Rechtschreibproblem zu lösen.**

Graphembezogene Auswertung

Die graphembezogene Auswertung erfordert gerade bei längeren Texten einen großen zeitlichen Aufwand, der oft nicht in angemessener Relation zum Ertrag steht. Sie macht vor allem Sinn, wenn der Wert der Graphemtreffer mit dem der Worttreffer abgeglichen werden soll.

Zur Auswertung kann eine Tabelle angelegt werden, in der alle ausgewerteten Worte, die Anzahl der Grapheme (Achtung! Die Anzahl der Grapheme muss nicht unbedingt gleich der Zahl der Buchstaben sein, da mehrere Buchstaben in einem mehrgliedrigen Graphem zusammengefasst sein können.) und anschließend die Zahl der Graphemtreffer notiert werden. **Grapheme werden nur als richtig anerkannt, wenn sie auch an der richtigen Stelle stehen.** Wurden zwei Grapheme vertauscht (z.B. *„ahlt"* für *„halt"*), dann gilt nur ein Graphem als richtig (hier 3 statt 4 Punkte). Wird ein Graphem hinzugefügt, wird das neu entstehende Graphem bzw. das Graphem, das dem hinzugefügten Graphem vorausgeht, als falsch bewertet. Für *„spädt"* (spät) gibt es also 3 Punkte statt 4, für *„gehgangen"* (gegangen) 7 statt 8. **Auch die Groß- bzw. Kleinschreibung muss richtig sein, damit ein Graphem gewertet wird.** Mehrgliedrige Grapheme und Oberzeichen müssen vollständig richtig dargestellt werden. Bei Fehlern in der Zusammen- bzw. Getrenntschreibung wird das Graphem, welches dem Fehler folgt, nicht bepunktet. *„Das Geheimnis volle Haus"* wird also mit 3 + 10 (statt 12) + 3 bewertet. Im Folgenden soll ein kurzer Textausschnitt beispielhaft ausgewertet werden. Er wurde von Daniel im zweiten Halbjahr der zweiten Klasse im Rahmen einer Fantasiegeschichte erfunden und aufgeschrieben. Der Anfang der Geschichte wurde den Kindern vorgegeben.

Die durchgestrichenen Wörter hat Daniel selbst korrigiert. Die Wörter in Klammern habe ich zum besseren Verständnis eingefügt.

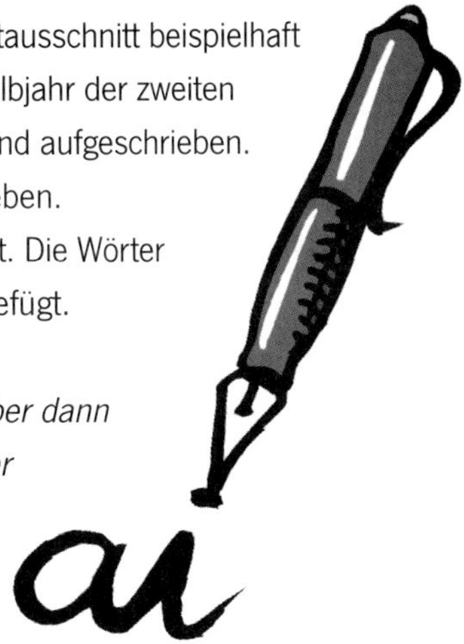

▸▸ *Wir segelten über das ganz ~~w~~ flache Meer ~~abeer~~ aber dann wurde das Meer blözlich ~~gannz~~ ganz wild und unser Schüf (Schiff) gibte (kippte) beiner (beinah) um. Wir musten (mussten) die Segel einzihen (einziehen).*

In die Auswertung wurden die beiden Mehrfachschreibungen und die „Kurzwörter" (wir, das, und ...) nicht einbezogen. Von den 17 zur Auswertung herangezogenen Wörtern schreibt Daniel 11 (64,7 %) richtig.[52] Der Blick auf die Zahl richtig verschrifteter Grapheme kann Auskunft über *„den Grad der Annäherung an die Normalschreibung"*[53] geben. Daniel schreibt von den 81 Graphemen der in die Wertung einbezogenen Wörter 72 (88,9 %) richtig.

Schreibung	Zielwort	Wortschreibung	Grapheme	
			max.	richtig
segelten	segelten	1	8	8
über	über	1	4	4
ganz (2)	ganz	1	4	4
flache	flache	1	5	5
Meer (2)	Meer	1	3	3
aber	aber	1	4	4
dann	dann	1	3	3
wurde	wurde	1	5	5
blözlich	plötzlich	0	7	5
wild	wild	1	4	4
unser	unser	1	5	5
Schüf	Schiff	0	3	1
gibte	kippte	0	5	3
beiner	beinah	0	4	3
musten	mussten	0	6	5
Segel	Segel	1	5	5
einzihen	einziehen	0	6	5
Summe		**Summe**	**Summe**	**Summe**
17		**11**	**81**	**72**

[52] *Vergleichswerte für das Ende des zweiten Schuljahres sind nachzulesen in: May, P., 1998, S. 286*
[53] *ebenda, S. 286*

Wichtige Hinweise zur Hypothesenbildung kann die graphembezogene Auswertung der falsch geschriebenen Wörter geben. Dazu wird ausgezählt, in wie vielen Wörtern nur ein und in wie vielen mehrere Grapheme falsch verschriftet wurden. Der oben zitierte Textausschnitt zeigt insgesamt sechs Fehlerwörter. In drei davon (50 %) sind mehr als ein Graphem falsch dargestellt.

Ist der Wert für Wörter mit mehreren falschen Graphemen hoch , kann dies darauf hindeuten, dass das Kind beim Schreiben ungeübter Wörter noch überwiegend auf die alphabetische Strategie zurückgreift bzw. darüber hinausgehende Strategien noch ausgesprochen diffus sind.[54] Das Kind ist beim Nachdenken über die Rechtschreibung noch sehr unsicher und wechselt seine Zugriffsweisen häufig, aber scheinbar ohne Bezug auf das zu schreibende Wort und dessen orthographische Besonderheiten. Richtig geschriebene Wörter, auch solche, die orthographische Elemente beinhalten, basieren dann oft auf einem logographisch eingeprägten Wortschatz. Dieser kann bei einigen Kindern einen zumindest zeitweise enormen Umfang haben. Darum geben geübte Diktate bei diesen Kindern auch kaum Auskunft über ihren tatsächlichen Lernstand.

Auf lange Sicht ist eine ausschließlich alphabetische Zugriffsweise in Kombination mit logographischem Schreiben zum Scheitern verurteilt. Die orthographische Korrektur phonologischer Schreibungen ist bei vielen Wörtern notwendig und die Gedächtniskapazität zum Einprägen ganzer Wortbilder ist – wenn auch individuell unterschiedlich groß – immer begrenzt.

[54] *Hier soll einmal davon abgesehen werden, dass der Textausschnitt nur sehr kurz ist. Ansprüchen einer empirischen Auswertung würde er wohl kaum genügen. Wie bereits erläutert wurde, geht es im beschriebenen Ansatz um die Bildung von Hypothesen. Diese müssen an weiteren Texten des Kindes überprüft und gegebenenfalls differenziert werden.*

Strategienanalyse

Die Strategienanalyse ist der Kernpunkt des vorliegenden Leitfadens, da sie von besonderer Bedeutung für die Förderpraxis ist. Das Ziel, mit dem er eingesetzt werden soll, ist in erster Linie, ein differenziertes Bild von den Zugriffsweisen eines Kindes auf Schrift zu entwerfen. Dazu werden die verschiedenen Rechtschreibstrategien und deren Umsetzung durch das Kind zunächst getrennt betrachtet. So ist eher gewährleistet, dass bei der Beurteilung der Rechtschreibkompetenz auch Stärken des Kindes entdeckt werden. Wörter mit Fehlern werden als individuelle Variationen verstanden, die auf der Grundlage subjektiver Theorien entstehen. Ziel der Rechtschreibförderung ist es demnach, das Kind bei der Ausbildung und normorientierten Präzisierung seiner subjektiven Rechtschreibtheorien zu unterstützen.

⊗ Alphabetische Strategie (A)

Die alphabetische Strategie bildet sich im Verlauf des Schreibenlernens am schnellsten heraus.
Sie basiert auf der Fähigkeit, den Lautstrom der gesprochenen Sprache zu analysieren und den Lauten eines der passenden Grapheme zuzuordnen. Alphabetische Fehler zeigen sich also in Schreibungen wie *„enklich"* (endlich), *„Mäpchien"* (Mäppchen) oder *„Tennisschäger"* (Tennisschläger). Fehler in der Groß- und Kleinschreibung oder in der Zusammen- bzw. Getrenntschreibung werden nicht als alphabetisch falsch gekennzeichnet, sondern der wortübergreifenden Strategie zugerechnet.
Auch die Verwendung überflüssiger orthographischer Elemente wird nicht als Abweichung von der alphabetischen Schreibung gewertet. Entsprechend gilt *„Strummpf"* (Strumpf) mit zwei komplett dargestellten Konsonantenhäufungen als alphabetisch richtig, obwohl mit dem *„mm"* ein Graphem nicht richtig abgebildet wurde. Gleiches gilt für *„späd"* (spät). Es lässt sich zwar kaum zweifelsfrei klären, ob das *„d"* tatsächlich als überflüssiges Element im Sinne einer Endlautverhärtung eingesetzt wurde, maßgeblich für die Analyse auf alphabetischer Ebene ist jedoch, dass sich *„d"* und

„t" als Endlaut artikulatorisch nicht unterscheiden lassen. Vergleichbares trifft auf die Verwendung von *„ä"* an Stelle von *„e"* zu. *„Mänschen"* (Menschen) wird demnach als alphabetisch richtig gewertet. Es ist durchaus möglich, dass der Schreiber durch eine Ableitung von *„man"* oder *„Mann"* zu der Überzeugung gekommen ist, dass Menschen mit *„ä"* geschrieben werden muss. Das *„ä"* könnte demnach also auch als überflüssiges morphematisches Element gekennzeichnet werden.[55]

Die allgemeine Feststellung, dass die Strategie des alphabetischen Schreibens bei einem Schüler noch nicht voll ausgeprägt ist, lässt die Zuordnung zu einer Entwicklungsphase zu (in diesem Fall Stufe 3: halbphonetisches Niveau). Daraus lässt sich auch ein nächstes Lernziel ableiten, nämlich das Erreichen der *„Zone der nächsten Entwicklung"*[56] (hier Stufe 4: voll ausgeprägte phonetische Strategie). Für die am individuellen Lernentwicklungsstand des Schülers orientierte Förderung ist eine solche Aussage jedoch noch nicht differenziert genug. In Bezug auf die alphabetische Strategie ist es notwendig, genau zu wissen, welche Laute ein Kind schon sicher aus der gesprochenen Sprache analysieren und in Grapheme umsetzen kann und bei welchen (und in welchen Konstellationen) es noch unsicher ist. Texte von Kindern können eine Reihe von Schreibphänomenen zeigen, die nähere Auskunft über den Entwicklungsgrad der alphabetischen Strategie geben. Die gängigsten werden im Leitfaden angesprochen und sollen im Folgenden näher erläutert werden.

Die Darstellung welcher Laute/Lautverbindungen fällt noch schwer?

Bei einigen Kindern lassen sich aus den Texten deutliche Schwierigkeiten bei der Darstellung bestimmter Laute feststellen. Ein Drittklässler war beispielsweise deutlich verwirrt, was die Darstellung des Lautes /h/ betraf. Diese Irritation zeigte sich in Schreibungen wie *„angealten"* (angehalten), *„ihnterteil"* (Hinterteil) oder *„ahlt"* (halt). Diese Beispiele legen die Hypothese nahe, dass der Schüler davon ausging, dass man ein hörbares /h/ nicht verschriftet. In seiner subjektiven Theorie kam das *„h"* lediglich als Mittel zur Kennzeichnung (vermeintlich) langer Vokale vor und muss demnach immer nach einem Vokal stehen. Die Probleme des Jungen in diesem begrenzten Bereich konnten sehr schnell abgefangen werden. Zum einen wurde er eine Zeit lang

55 *zur Auswertung alphabetischer Stellen in Wörtern vgl. auch die verschiedenen Hefte „Hinweise zur Durchführung und Auswertung" zur Hamburger Schreib-Probe, u.a. May, P., 2002, S. 15*
56 *Wygotski, W. S., 1991, zitiert in: Eulenburg, J., 2001, S. 123*

dazu angehalten, Wörter mit dem Anlaut und später mit dem Mittellaut /h/ zu suchen und zu schreiben. Zum anderen wurde an passenden Stellen durch die Förderlehrerin verbalisiert, dass das mit dem *„h"* schon etwas Besonderes sei: Manchmal könne man es hören und manchmal nicht. So wurden Gespräche und Denkprozesse eingeleitet, die schließlich zu mehr Klarheit für den Schüler geführt haben. Probleme in der Darstellung einzelner Laute ergeben sich für einige Kinder auch daraus, dass sie einen Dialekt sprechen. In Hessen wird so *„manchmal"* gerne zu *„manschmal"* und *„gleich"* zu *„gleisch"*. Wortstellen, die eigentlich alphabetisch zu erschließen wären, werden so für einzelne Kinder zu Merk-Elementen. Es macht Sinn, Kinder auch bei solchen Fehlern darauf hinzuweisen, dass *„wir Hessen"* zwar so sprechen, dass es aber in der *„Schreibsprache"* anders heißt und dementsprechend auch anders geschrieben werden muss. Eine Orientierung an der Schriftstruktur ist auch für mehrsprachige Schüler besonders wichtig.[57]

⌀ Besteht Klarheit in der Unterscheidung von Laut und Buchstabe?

Bei rechtschreibschwachen Schülern kann auch in der dritten Klasse noch nicht davon ausgegangen werden, dass ihnen der Unterschied zwischen Laut und Buchstabe klar ist. Schreibungen wie *„s"* für *„es"*, *„gmein"* für *„gemein"* oder auch *„Ent"* für *„Ente"* können daraus resultieren, dass der Schüler beim Schreiben auf die *„Namen von Buchstaben"* zurückgreift und nicht auf deren Lautwert. Sie sind darum der Überzeugung, die Endsilbe *„-te"* mit dem *„t"* bereits abgedeckt zu haben. Für diese Kinder ist es notwendig, dass die Förderperson ausschließlich lautiert und dies auch mit anderen Personen abspricht, die mit dem Kind lernen. Hier wird erneut deutlich, dass eine dem Kind angemessene Didaktik nur aus einer genauen Analyse seiner persönlichen Zugriffsweisen auf Schrift abgeleitet werden kann.

[57] *vgl. Hüttis-Graff, P., 2000 und 2003*

Wurden Konsonantenhäufungen vollständig dargestellt?

Eine besondere Herausforderung an die alphabetische Analysefähigkeit stellen Konsonantenhäufungen dar. Hier kommt es häufig zu Auslassungen von Graphemen. Auch bei älteren Schülern kommt es zu solchen Fehlern, wenn die Konsonantenhäufung in ein komplexes Wort wie etwa *„Fernsehprogramm"* aus der Hamburger Schreibprobe (HSP) 5–9 eingebunden ist. Bei *„Fehrsehprogramm"* einfach nur davon zu sprechen, dass das *„n"* vergessen wurde, geht an den hohen Anforderungen, die dieses Wort an die Rechtschreibkompetenz des Schreibers stellt, vorbei. „Vergessen" impliziert für die Schüler immer eine Art schuldhafte Nachlässigkeit, die aber im Beispiel kaum angemessen sein dürfte. Mit den richtigen Stellen *„seh"*, *„pro"*, *„gr"*, *„mm"* und dem überflüssigen orthographischen Element *„h"* zeigt der Schreiber, dass er sich umfassend mit dem Wort auseinander gesetzt und dabei auf verschiedene Strategien zurückgegriffen hat. Der Fokus der Aufmerksamkeit liegt dann oft auf jenen Stellen, die die Verwendung orthographischer Elemente (vermeintlich) erfordern. Dies führt dazu, dass der alphabetischen Durchgliederung des Wortes weniger Aufmerksamkeit geschenkt wird.

Bei Konsonantenhäufungen kommt hinzu, dass einige Laute nicht eindeutig aus dem Sprachfluss analysiert werden können. Die stimmhaften Plosivlaute /b/, /d/ und /g/ werden von einem anderen Konsonanten gefolgt weniger stimmhaft gesprochen, als wenn ein Vokal folgt. Vergleichen Sie einmal die Aussprache des Anfangslautes in *„Brief"* und in *„Prinz"*. Erwachsenen fällt es oft sehr schwer, sich dieser Problematik bewusst zu werden. Weil sie das korrekte Schriftbild vor Augen haben, meinen sie, den Unterschied tatsächlich zu hören. Schreibanfängern steht die korrekte Schreibweise nicht als Vorbild zur Verfügung. Kinder, die *„brobiert"* für *„probiert"* schreiben, zeigen, dass sie verstanden haben, dass auch manche Anlaute weich geschrieben werden, obwohl sie sich hart anhören. Mit dem Hinweis, genauer hinzuhören, werden diese Kinder in die Irre geleitet. **Die richtige Strategie zum korrekten Schreiben dieser Wortstellen ist eigentlich das Einprägen des richtigen Schriftbildes.**
Im Grunde zählen schwer zu analysierende Laute zu den Merk-Elementen (s. S. 76f.). Eine übertrieben am Schriftbild orientierte Aussprache nach dem Motto *„Sprich wie du schreibst"*[58] kann jedoch eine Merkstütze sein.

[58] *Hüttis-Graff, P., 2001*

Wurden überflüssige Laute verschriftet?

Bei dem Versuch der Kinder, die gesprochenen Laute beim Schreiben so genau wie möglich darzustellen, passiert es häufig, dass so genannte phonologische Nuancen hinzugefügt werden. Diese auch Gleitlaute genannten Phänomene hören kompetente Schreiber gar nicht mehr. Ich selbst bin auch erst wieder im Rahmen meiner Arbeit als Lerntherapeutin dafür sensibilisiert worden. Beispiele für die Verschriftung phonologischer Nuancen sind:

- ***„komnt"*** **(kommt):**
  Beim langsamen Vorsprechen, an dem sich die Kinder zunächst mehr oder weniger orientieren, kann man im Übergang des /m/- Lautes zum /t/ tatsächlich ein /n/ wahrnehmen. Kinder, die sich sehr auf das Heraushören einzelner Laute konzentrieren, nehmen diese Nuancen wahr und verschriften sie oft auch. Natürlich könnte man die Darstellung des „n" auch als Schreibfehler im Sinne einer Formunsicherheit bei den Buchstaben „n" und „m" interpretieren.
  In diesem Beispiel wurde die Schülerin jedoch direkt nach dem Schreiben gefragt, warum auf das „m" ein „n" folge und sie bestätigte die Hypothese, dass sie das „n" über den phonologischen Zugriff erschlossen hatte. „Das ‚n' hört man doch", sagte sie und konnte es gar nicht glauben, dass man diesen gehörten Laut nicht auch zu Papier bringen muss bzw. darf.

- ***„Mäpchien"*** **(Mäppchen):**
  Die Buchstabenkombination „ie" wurde hier wohl nicht – wie beim ersten Betrachten dieser Schreibweise angenommen werden könnte – zur Kennzeichnung eines langen /i:/, sondern eher wie in „Familie", verwendet. Die Endung „-chen" steht dem Schreiber hier scheinbar noch nicht als Einheit zur Verfügung, so dass er auf das Abhören der einzelnen Laute zurückgeworfen ist. Durch das langsame Sprechen der einzelnen Laute wird zwischen /ch/ und /e/ das /i/ hörbar.

karputt (kaputt):

Diese Lauthinzufügung erscheint zunächst befremdlich, wird aber nachvollziehbar, wenn man die Worte „kaputt" und „Garten" gegenüberstellt. In „Garten" wird bei normaler Aussprache das „r" nicht artikuliert. Der geübte Schreiber kann es sich wohl eher als hörbar vorstellen, weil er das korrekte Schriftbild vor Augen hat.[59] *Dieses Schriftbild haben sich Schreib- und Leseanfänger jedoch noch nicht eingeprägt. Das zusätzliche „r" in „kaputt" kommt, wenn es als Analogielösung zu „Garten" interpretiert wird, schon fast einem überflüssigen orthographischen Element gleich.*

aeine (eine):

Hinzufügungen kommen auch häufig in Kombination mit der Verwendung des Diphthongs „ei" vor. Wenn Kindern noch nicht klar ist, welcher genaue Lautwert dieser Buchstabenkombination zuzuordnen ist, kommt es zu Schreibungen wie „aeine" (eine). Orientiert am Hören wird ein „a" vorangestellt.

Belume (Blume):

Petra Hüttis-Graff weist darauf hin, dass bei mehrsprachigen Kindern oft eine Vermischung der phonologischen Strukturen der beiden Sprachen auftritt.[60] *Da im Türkischen Konsonantenhäufungen nur äußerst selten vorkommen, versuchen die Kinder oft, diese Struktur aufzulösen und orientieren sich dabei an der türkischen Vokalharmonie. So entstehen Schreibungen wie „Belume" (Blume).*

Fehler durch phonologische Nuancen, durch die Orientierung an der Alltagssprache oder bei der Darstellung schwerer Konsonantenverbindungen, machen deutlich, dass auch scheinbar einfache, lautgetreue Wörter erst gelernt werden müssen. **Die Kinder müssen sich nämlich erst von ihrer Alltagssprache lösen und eine an der Schriftsprache orientierte Aussprache einüben.** Zum Erwerb dieser Basiskompetenz benötigen einige Kinder deutlich längere Zeit als andere. Diese Zeit muss ihnen zugestanden werden, denn ohne eine ausreichende Automatisierung des rhythmisch-dynamischen Sprechschreibens ist die Vermittlung weiterführender Rechtschreibstrategien wenig Erfolg versprechend.[61]

59 vgl. Jung, U., 1977, zitiert in: Valtin, R., 2001, S. 55 f.
60 vgl. Hüttis-Graff, P., 2003, S. 107
61 Mann, C., 2002, S. 19

Im Vergleich zu der Orientierung am gedehnten Sprechen ist es ein Fortschritt, wenn die Kinder sich an der Silbe als kleinster artikulatorischer Einheit orientieren. Es können jedoch auch hierdurch Fehler entstehen. So folgt beispielsweise *„Zauberrer"* (Zauberer) aus der Silbengliederung Zau-ber-rer. Es ist dabei nicht auszuschließen, dass die hier vorgenommene Aufschlüsselung in Silben durch die Vermittlung von zweifelhaften Strategien zum Hörbarmachen von Doppelkonsonanten mittels Silbentrennung gefördert wurde. Dieses Beispiel zeigt außerdem, dass es nicht immer leicht ist, überflüssige orthographische Elemente (hier: Doppelkonsonant als vermeintliches Zeichen vorausgegangener Vokalkürze) von der Verschriftung überflüssiger Laute abzugrenzen. Genaue Kenntnisse über die individuellen Zugriffsweisen eines Kindes sind über Beobachtungen im Schreibprozess oder durch gezieltes Nachfragen in Bezug auf bestimmte Schreibungen zu gewinnen.

Andere *„alphabetisch kontrollierbare Zusätze"* [62] entstehen durch Wortergänzungen wie z.B. in *„Fernseherprogramm"* (Fernsehprogramm). Die Schreibung *„Meerjungsfrau"* entstand vermutlich durch einen Analogienschluss zu anderen Wörtern mit Fugen-s, z.B. Rettungsring. Bei *„Päcktchen"* (Päckchen) hat der Schreiber das Wort möglicherweise von Paket abgeleitet.

Zusammenfassende Hypothesen zur Ausprägung der alphabetischen Strategie

Im Anschluss an die Auswertung eines Textes auf alphabetischer Ebene sollte eine zusammenfassende Beurteilung der Ausprägung der alphabetischen Strategie vorgenommen werden. Wird hier festgestellt, dass das Kind in diesem Bereich noch deutliche Defizite hat, muss die weitere Förderung unbedingt darauf abgestimmt werden. Orientiert am Entwicklungsmodell des Rechtschreibens bedeutet dies, dass das Lernziel zunächst die volle Entfaltung der alphabetischen Strategie ist. Das Einüben eines großen Schatzes an Merk- und Denkwörtern wird dann zunächst einmal zurückgestellt. Die Kinder verwenden einen großen Anteil ihrer Aufmerksamkeit auf das Heraushören der Laute und das Umsetzen in passende Grapheme. Erst wenn diese Leistungen weitestgehend automatisiert sind, werden Kapazitäten frei, um komplexere

[62] *May, P., 2002, S. 15*

Strategien des Rechtschreibens mit einzubeziehen. Kinder, für die obiges Lernziel formuliert wurde, sollten zunächst einfach strukturierte und später (je nach Ausprägung ihrer alphabetischen Kompetenz) auch Wörter mit Konsonantenhäufungen zum Üben angeboten werden. Die Arbeit mit lautgetreuen Wörtern kann hilfreich sein, insbesondere wenn das Kind selbstständig übt. Das Kind erfährt so, dass es schon vieles richtig schreiben kann. Ich erachte es jedoch nicht als sinnvoll, ausschließlich mit lautgetreuem Material zu arbeiten. Ohne die selbstständige Anwendung anderer Rechtschreibstrategien vom Kind zu fordern, kann es durchaus darauf hingewiesen werden, dass es auch viele Wörter gibt, die man nicht alleine durch Hören erschließen kann. Mehrgliedrige Grapheme, auch solche, die durch orthographische Elemente entstehen, sollten dazu bei schriftlichem Übungsmaterial gekennzeichnet werden. So können zum Beispiel in Kreuzworträtseln, die eine gute Übungsform zur Förderung der alphabetischen Strategie darstellen, mehrgliedrige Grapheme farbig unterlegt oder nur durch eine angedeutete Linie getrennt werden.

In der Einzelförderung hat es sich bewährt, beim gemeinsamen Schreiben von Texten Grapheme, die von der Lauttreue abweichen, vorwegzunehmen. Man könnte diese Methode auch als Vorsagen beschreiben. Möchte ein Kind beispielsweise das Wort *„schnell"* schreiben, kann die Förderperson *„mit Doppel-ll"* sagen, bevor das Kind das Wort oder diese Stelle schreibt. Manchmal ist es auch einfacher, das Wort für das Kind auf einen Extrazettel vorzuschreiben. Ich möchte an dieser Stelle noch einmal ausdrücklich darauf hinweisen, dass freie Texte keineswegs fehlerfrei geschrieben werden müssen. **Es ist prinzipiell nichts dagegen einzuwenden, das Kind orthographische Stellen, die es noch überfordern, so schreiben zu lassen, wie es seinem gegenwärtigen Entwicklungsstand entspricht.**

Es können jedoch auch Situationen entstehen, in denen dem Kind selbst oder der Förderperson die Rechtschreibung aller Wörter sehr wichtig ist. Einige Kinder bitten beispielsweise nach Beendigung ihres Textes regelmäßig darum, dass falsche Stellen angestrichen werden. Es ist auch denkbar, dass der Text veröffentlicht werden soll und darum ein hohes Interesse an einem möglichst fehlerfreien Text besteht.
In solchen Situationen ist es sicherlich besser, dem Kind schwierige Stellen vorzusagen, als hinterher den gesamten Text auf frustrierende Art und Weise zu überarbeiten. Auch ein Lerneffekt ist hierbei nicht absehbar, wenn die Anforderungen der Wörter die Rechtschreibkompetenz des Kindes deutlich überschreiten. **Selbstverständlich muss die Förderperson sehr genau einschätzen, welche Teile sie vorsagt und welche Schreibung sie dem Kind zutraut.** Denn noch besser als ein durch Vorwegnahme vermiedener Fehler ist natürlich eine spontane Richtigschreibung des Kindes.
Hier das richtige Gleichgewicht zu finden, ist eine ausgesprochen schwierige, aber wichtige Aufgabe in der Förderung rechtschreibschwacher Kinder.
Auf keinen Fall sollten Kinder, für die das Lernziel Ausprägung der alphabetischen Strategie lautet, aufgefordert werden, nach orthographischen Fehlern zu suchen. Sicherlich ist Fehlersensibilität eine wichtige Fähigkeit, die unbedingt erworben werden muss.[63] Der Zeitpunkt wäre hier jedoch zu früh, denn das Kind hat noch kein ausreichendes Fundament, um komplexere Hypothesen zur Rechtschreibung zu entwickeln. Die Aufforderung, nach Fehlern zu suchen, würde in einem Ratespiel münden, das das Kind seinem Lernziel nicht näher bringt, sondern nur zu seiner Verwirrung beiträgt.
Die vollständige phonetische Durchgliederung und die Synchronizität von Sprechen und Schreiben kann durch das Einüben der Pilotsprache gefördert werden. Sie unterstützt die Kinder dabei, nicht mehr jeden Laut einzeln abzuhören und sich dabei das Wort immer wieder

[63] *vgl. Sukopp, I., 2000*

von vorne vorzusprechen, sondern sich an der größeren Einheit der Sprechsilben zu orientieren. Beim Anwenden der Pilotsprache begleiten die Kinder ihren Schreibprozess durch langsames, an die Schriftsprache angeglichenes Mitsprechen. Natürlich müssen für dieses Angleichen an die Schriftsprache auch schriftliche Vorlagen gegeben oder zumindest bei der Lehrperson abfragbar sein. Dies entspricht einem schriftorientierten Unterricht, der auch besonders für mehrsprachige Kinder günstig ist.[64]
Schließlich ist die Endung *„-er"* streng genommen lautlich nicht zu erschließen, da sie als *„a"* artikuliert wird. Mit dem *„r"* als Übergangskonsonant verhält es sich ganz ähnlich. Artikuliert wird eher ein /a/ und die Schreibung *„Wuam"* für *„Wurm"* wäre rein phonologisch gesehen nur konsequent.

Diese Beispiele zeigen deutlich, dass auch bei der Arbeit auf phonologischer Ebene die auditive und die visuelle Analyse von Wörtern eng aneinander gekoppelt sein sollten. Kinder, die *„eu"*, *„ei"*, *„r"* in *„Turm"* oder die Endung *„-er"* regelmäßig richtig schreiben, haben sich bereits einige normorientierte Rechtschreibmuster angeeignet.[65] Diese sehr häufigen Rechtschreibmuster bilden einen Grenzbereich zwischen alphabetischem und orthographischem Schreiben. Eine exakte Abgrenzung ist hier schwer vorzunehmen. Die hier beschriebene Analyse geht ohnehin über eine polarisierende, eher theoriegeleitete Abgrenzung der verschiedenen Bereiche hinaus. Aus pragmatischen Gründen orientiere ich mich in meiner Zuordnung darum an den beschriebenen Lupenstellen der Hamburger Schreibprobe.

⊗ Orthographische Strategie (0)

Mit fortschreitender Automatisierung des alphabetischen Schreibens wird bei den Kindern zunehmend mehr Aufmerksamkeitsvermögen frei. Dies können die Kinder zur Berücksichtigung erster orthographischer Elemente nutzen. Mit anderen Worten: *Die Kinder haben nun den Kopf frei, um darüber nachzudenken, ob sie in dem Wort etwas schreiben müssen, was sie nicht aus dem Gesprochenen heraushören.* Tendenziell kommen dabei zunächst orthographische, dann auch morphematische und wortübergreifende Gesichtspunkte in den Blick der Kinder. Alle drei Strategien

[64] *vgl. Hüttis-Graff, P., 2000, S. 104 ff.*
[65] *vgl. auch May, P., 1993, S. 2 der Druckversion*

gliedern sich noch einmal in *einfachere* bzw. *grundlegende* und *komplexere Zugriffsweisen*. Die Texte von Kindern zeigen in der Regel einen großen Überschneidungsbereich. Typisch ist z.B. die **richtige Verwendung häufiger Vorsilben (morphematische Strategie)** bei gleichzeitig bestehenden **Unsicherheiten in der Kennzeichnung der Vokalqualität durch Konsonantendopplung (orthographische Strategie).** Die Einordnung von über den alphabetischen Zugriff hinausgehenden Strategien in eine feste und vor allem abgegrenzte zeitliche Abfolge ist darum nicht sinnvoll. Für die vorangestellte Darstellung der orthographischen Strategie spricht jedoch unter anderem die Tatsache, dass die ersten kognitiven Überformungen des ausschließlich alphabetischen Schreibens in der Regel der orthographischen Strategie zuzuordnen sind. Hinzu kommt, dass sich die Kinder in ihrem erprobenden Umgang mit den orthographischen Elementen zunächst auf Sprechsilben beziehen. Die Berücksichtigung sinntragender Einheiten nach morphematischen Grundsätzen können sie oft noch nicht leisten. So entstehen beispielsweise Übergeneralisierungen wie *„hinnlegen“* (hinlegen) oder *„vertig“* (fertig). Auch diese häufig zu machende Beobachtung spricht also dafür, die orthographische vor der morphematischen Strategie zu betrachten. Die Elemente der orthographischen Strategie werden den beiden Bereichen Regel-Elemente (OR) und Merk-Elemente (OM) zugeordnet. Diese Unterteilung hat große didaktische Bedeutung, denn Regel-Elemente müssen prinzipiell anders gelehrt und gelernt werden als Merk-Elemente.

Orthographische Regel-Elemente (OR)

Es gibt einige durchgängige orthographische Prinzipien, die sehr häufig vorkommen und die sich die Kinder darum in der Regel sehr schnell aneignen. Hierzu zählt die Verwendung von *„sp"*, *„st"* und *„ie"*. In der HSP wird auch das *„qu"* zu den Regel-Elementen gezählt. Auch das silbentrennende *„h"*, wie etwa in *„gehen"*, bereitet den Kindern wenig Probleme, solange es hörbar gemacht werden kann.

Die Kennzeichnung kurzer Vokale durch Konsonantendopplung bereitet hingegen sehr häufig Schwierigkeiten. Zu diesem Themenkomplex bilden Kinder die unterschiedlichsten subjektiven Theorien. Einige sind überzeugt davon, dass man den Doppelkonsonant selbst heraushören könne. Sie erklären auf Nachfrage, das *„nn"* in *„rennen"* sei länger gesprochen oder das *„ck"* in *„backen"* erkenne man daran, dass es schärfer ausgesprochen werde. Viele Kinder versuchen auch, die Konsonantendopplung durch Silbentrennung hörbar zu machen. Wenn sie ausschließlich auf diese Strategie zurückgreifen, kommt es bei den Worten *„wollten"* oder *„Stall"* zu Fehlern, denn hier ist diese Strategie alleine ungeeignet.

3.

Schreibt ein Kind *„Wollke"*, liegt die Vermutung nahe, dass das Kind bereits verstanden hat, dass Doppelkonsonanten im Zusammenhang mit kurzen Vokalen stehen. Es hat seine subjektive Theorie jedoch noch nicht so weit differenziert, dass dies nur der Fall ist, wenn nicht schon zwei unterschiedliche Konsonanten auf den kurzen Vokal folgen.

Andere Kinder sind noch von dem scheinbaren Gegensatz verwirrt, der sich daraus ergibt, dass etwas Kurzem (kurz gesprochener Vokal) etwas Langes (längeres Graphem durch Dopplung) zugeordnet wird. Sie schreiben dann häufig Doppelkonsonanten nach einem langen Vokal, z.B. *„frass"*. Diese Verwirrung tritt vor allem dann auf, wenn es verwandte Worte gibt, die tatsächlich mit *„ss"* geschrieben werden, weil der Vokal kurz ist (*„fressen"* oder auch *„beißen"/„er biss"*).

Renate Valtin beschreibt eindrucksvoll, wie dominant subjektive Theorien gegenüber gelehrten Rechtschreibregeln sind.[66] In einer Untersuchung wurden 60 gute und schwache Rechtschreiber unter anderem nach dem Grund ihrer Schreibweisen in den

[66] *vgl. Valtin, R., 1993, zitiert in: Valtin, R., 2001, S. 56f.*

Wörtern *„herrlich"* und *„Geschirr"* befragt. Die Kinder gaben sehr unterschiedliche Antworten und selbst Kinder, die die Wörter richtig geschrieben hatten, gaben an, das *„Doppel-R"* zu hören. Sie hatten ihre Sprache bereits so an das richtige Schriftbild angepasst, dass sie postulierten, es heiße ja *„Geschirrrr"* und *„herrrrlich"*. Kein einziges Kind hatte jedoch als Begründung für seine Schreibung die Regel angegeben, dass auf einen kurzen Vokal häufig ein Doppelkonsonant folgt – und das, obwohl mehrere Unterrichtswochen darauf verwendet wurden, diese Regel einzuüben.
Am Beispiel der Konsonantendopplung stellt sich auch die Frage, welcher Stellenwert der Vermittlung von Rechtschreibregeln im Rechtschreibunterricht zukommen sollte. Ich schließe mich hier Christine Mann an, die Regeln prinzipiell eine wesentliche Funktion zur Entlastung des Gedächtnisses beimisst, aber gleichzeitig dafür plädiert, Kinder von allzu kopflastigem Regelwissen zu verschonen.[67] Dies macht vor dem bereits dargestellten Hintergrund Sinn, dass die Übertragung von Regelwissen in Regelanwendung Kindern oft sehr schwer fällt (s. S. 41). Außerdem zeigt die Erfahrung, dass Kinder die Anwendung von Regeln sehr wohl auch intuitiv erlernen können.[68]
Viele Materialien zur Rechtschreibförderung legen ihren Schwerpunkt aber leider zu sehr auf das bewusste Trainieren von Regelwissen und vernachlässigen dabei – meiner Einschätzung nach –, den Kindern praktikable Strategien zur Anwendung der Regeln zu vermitteln.

Ⓜ Orthographische Merk-Elemente (OM)

Orthographische Merk-Elemente sind solche, die nicht durch die Anwendung einer Regel abgeleitet werden können. Sie müssen als Ausnahme von orthographischen Prinzipien oder Abweichungen von der üblichen Phonem-Graphem-Zuordnung quasi auswendig gelernt werden. Um diese prinzipiell andere Rechtschreibstrategie für die Kinder transparent zu machen, bezeichnet Christine Mann Wörter mit nicht ableitbaren Schreibungen als **Lernwörter.**[69] Sie grenzt sie damit von den **Mitsprechwörtern,** bei denen jeder Laut durch sein Basisgraphem dargestellt wird, und den **Nachdenkwörtern,** die durch Ableiten oder Regelanwendung erschlossen werden können, ab.[70] Das *„h"* in *„Zahn"* ist ein solches Merk-Element, denn in der Regel wird ein langes /a/ nicht mit einem *„h"* gekennzeichnet. Es ist darum fatal, Kindern das *„h"*

67 *vgl. Mann, C., 2002, S. 12, 15*
68 *vgl. ebenda, S. 12*
69 *Mann, C., 2002, S. 13f.*
70 *vgl. ebenda, S. 12ff.*

mit den Worten *„das ‚h' macht das ‚a' lang"* zu erklären. Viele versuchen dann auch in anderen Wörtern Vokale durch Schreiben eines *„h"* *„lang zu machen",* obwohl die Vokale bereits ohne *„h"* *„lang sind",* wie etwa in *„Rad".* Richtig ist es, den Kindern von Anfang an zu erklären, dass man das *„h"* nicht hören kann, sondern auswendig lernen und sich merken muss. Dennoch ist es wichtig, dass Kinder das *„stumme h"* als Längenzeichen begreifen. Dieses Begreifen kann auch durchaus ein implizit erworbenes Wissen sein. Wenn ein Kind *„onhe"* schreibt, könnte dies darauf hindeuten, dass ihm die Eigenschaft des *„h"* als Längenzeichen noch nicht klar ist, es sich aber daran erinnert, dass in *„ohne"* irgendwo ein *„h"* vorkommt. Vielleicht hat es versucht, das *„h"* hörbar zu machen und tatsächlich *„on-he"* gesprochen.

Auch Vokaldopplungen (*„die Haare", „doof"*) sind zu den Merk-Elementen zu zählen. Oft ist Kindern der grundlegende Unterschied zwischen Vokal- und Konsonantendopplung nicht klar.
Wer als Lehrkraft Vokal- und Konsonantendopplung unter dem Thema *„Dopplung und Dehnung"* zusammenfasst und zeitgleich behandelt, trägt dem Prinzip der Ranschburgschen Hemmung (Ähnlichkeitshemmung) nicht Rechnung.
Sie nimmt damit in Kauf, dass die Verwirrung der Kinder durch schlechtes didaktisches Vorgehen verursacht oder komplettiert wird, obwohl der Unterrichtsstoff so gestaltet sein sollte, dass er für die Kinder zu mehr Klarheit und Sicherheit in der Rechtschreibung führt. Ergebnis dieser wie auch immer verursachten Verwirrung sind z.B. *„Harr"* (Haar) und *„doff"* (doof).

Beim langen /i:/ bildet das Graphem *„i"* ein Merk-Element, da es in der Regel (78 %) mit *„ie"* dargestellt wird.[71] Lediglich bei den Personalpronomen wird das lange /i:/ regelhaft einfach mit *„i"* dargestellt. Bei dem Wort *„Igel"* werden selten Fehler gemacht, vermutlich, weil es von den Kindern sowohl in der mündlichen als auch in der schriftlichen Sprache sehr häufig gebraucht wird.[72] *„Maschine"* wird hingegen häufig mit *„ie"* geschrieben. An dieser Stelle soll noch einmal gesagt werden, dass eine richtige Schreibung nicht zwingend darauf zurückgeführt werden kann, dass ein Kind die richtige Strategie, in diesem Fall das Abrufen eines Merk-Elements, angewendet hat. Auch wenn ein Kind ausschließlich nach dem phonemischen Prinzip schreibt, kann es zu der orthographisch richtigen Lösung *„Maschine"* kommen. Nur der Blick auf andere Wörter, die eine orthographische Korrektur des Lautstroms erfordern (z.B. *„Brief"* oder *„spielt"*) hilft hier weiter.

Weitere Merk-Elemente sind z.B. *„ai"* und das *„V"* mit Ausnahme von Wörtern, in denen das *„V"* in den häufigen Vorsilben *„ver", „vor", „voll"* auftritt. Zwar müssen die Kinder auch hier lernen, dass beim Schreiben vom Basisgraphem *„f"* für /f/ abzuweichen ist. Noch wesentlicher ist aber, dass sie die Vorsilbe als solche erkennen. Diese als morphematisches Strukturwissen (s. S. 82) bezeichnete Kompetenz ermöglicht es ihnen nämlich, eine Vielzahl von Wörtern richtig zu erschließen, wenn sie sich einmal die richtige Schreibweise der Vorsilben gemerkt haben. *„Versteck", „verloren"* und *„verrückt"* müssen nicht separat als *„V-Wörter"* eingeprägt werden. Das bedeutet, dass unter Einbeziehung der morphematischen Strategie die Zahl der Merk-Elemente wesentlich reduziert werden kann. Es gibt noch viele weitere Überschneidungsbereiche von orthographischem und morphematischem Schreiben. Auf sie soll zurückgekommen werden, wenn die morphematischen Zugriffsweisen grundlegend erläutert wurden.

[71] *vgl. Mann, C., 2002, S. 77, in Anlehnung an Naumann, C. L., 1987*
[72] *vgl. Naumann, C. L., 1999, S. 131*

Hypothesen zu den subjektiven Theorien im orthographischen Zugriff

Nachdem ein Text auf die Berücksichtigung einzelner orthographischer Elemente hin untersucht wurde, sollten Hypothesen zu den subjektiven Theorien des Kindes in diesem Bereich zusammengefasst werden. Ein besonderes Augenmerk kann dabei auf solche Elemente gerichtet werden, die das Kind ansatzweise, aber noch nicht durchgängig, zeigt. In Bereichen, in denen der Lernende Ansätze zeigt, seine alten Überzeugungen (z.B. *„Ich schreibe wie ich spreche."*) zu variieren (z.B. *„Manchmal muss ich auch ‚ie' schreiben."*), können Lernangebote auf besonders fruchtbaren Boden fallen. Hier ist die Wahrscheinlichkeit, dass Lehren auch in Lernen übergeht (z.B. *„Für das lange /i:/ schreibe ich ‚ie'."*) am größten.

Noch aus einem weiteren Grund ist es wichtig, sich der subjektiven Schreibtheorien von Kindern bewusst zu werden. **Manchmal entwickeln Kinder Strategien, die nicht angemessen sind.** Nicht selten bilden sie auch aufgrund schlechten Lernmaterials oder unbedachter Bemerkungen im Unterricht falsche Regeln aus, deren Anwendung dann zu Schreibfehlern führt. Häufig wird beispielsweise verallgemeinert, dass auf einen kurzen Vokal ein Doppelkonsonant folgt. Gerade Kinder, die sich in der Rechtschreibung noch wenig auf ihr intuitives Rechtschreibgefühl verlassen können, schreiben dann z.B. *„Manntel"* für *„Mantel"*. **Es ist nicht prinzipiell schlimm, wenn Kinder zu solchen unangemessenen Regeln kommen. Sie sind als Zwischenergebnis eines sich immer weiter ausdifferenzierenden Aneignungsprozesses zu sehen, den die Kinder aktiv gestalten.** Aber es muss wohl als didaktischer Kunstfehler verstanden werden, wenn die Lehrkraft durch mangelnde Reflexion ihres didaktischen Vorgehens die Bildung oder Aufrechterhaltung solcher Regeln provoziert, anstatt die Kinder bei der Ausbildung übergeordneter Strategien zu unterstützen.

⊗ Morphematische Strategie (M)

Die Einbeziehung morphematischer Überlegungen beim Schreiben hilft dem Schreiber, auch sehr komplexe Wortgefüge aufzulösen und sich so die normgerechte Schreibung zu erschließen. Der wesentliche kognitive Schritt, der hierzu nachvollzogen werden muss, ist eine weitere Loslösung von der Orientierung an der Artikulation im Vergleich zur alphabetischen, aber auch zur orthographischen Strategie. Während hier der Fokus auf der Sprechsilbe lag, muss er nun auf die kleinste bedeutungstragende Einheit, das Morphem, gerichtet werden. Auch im Bereich des morphematischen Schreibens gibt es leichtere Prinzipien, die regelmäßig schon in der Grundschule erworben werden (Auslautverhärtung, Umlautschreibung). Diese, aber auch verschiedene orthographische Elemente, werden jedoch in komplexeren Wortgefügen häufig (noch) nicht konsequent beibehalten. Die Kinder schreiben dann etwa *„rennen"*, aber *„rante"*, *„reißen"*, aber *„Reisverschluss"*. Laut Peter May stehen solche Schreibungen für **„eine nicht genügend ausgebildete Morphembewusstheit"**.[73] Die Mehrheit der Kinder erwirbt sich hier erst ab der Sekundarstufe Sicherheit.[74]

⌀ Morphematisches Bedeutungswissen (MB)

Das morphematische Bedeutungswissen ist grundlegend für die Anwendung einiger häufiger Rechtschreibprinzipien (Erschließung der Endlautverhärtung und der Umlaute *„ä"* und *„äu"*[75]). Die wesentlichen Operationen sind die Erschließung des Wortstammes und das Ableiten. Christine Mann schlägt vor, zum Rechtschreibenlernen den Denkvorgang, der hier vollzogen werden muss, für die Kinder transparent zu machen, indem kognitive Zusätze formuliert werden.[76] Für die Endlautverhärtung hört sich das wie folgt an:

▸▸ ***„‚Korb' kommt von ‚Körbe', also mit ‚b'."***

Ober bei der Umlautableitung:

▸▸ ***„‚Bäume' kommt von ‚Baum', also mit ‚äu'."***

[73] *May, P., 1993, S. 4*

[74] *vgl. ebenda, S. 3*

[75] *Bei der Fehleranalyse werden ausgelassene Umlautzeichen als morphematisch richtig beurteilt, weil die geforderte Ableitung nachweisbar nachvollzogen wurde. Ausgelassene Oberzeichen werden an anderer Stelle gesondert beurteilt.*

[76] *Kognitive Zusätze sind auch bei orthographischen Regel-Elementen oder als akustische Hilfe bei Merk-Elementen einsetzbar. Vgl. dazu ausführlich Mann, C., 2002*

Diese beiden Bereiche des morphematischen Bedeutungswissens werden in der Regel sehr schnell und sicher angeeignet. Peter May begründet dies damit, dass sie – im Gegensatz etwa zur Kennzeichnung der Vokalqualität – eindeutig entscheidbar sind.[77] Bei einigen Wörtern muss die Ableitung jedoch erst gelernt werden, weil sie nicht so offensichtlich ist wie die Erschließung durch Mehrzahlbildung beim Beispiel *„Bäume“*. *„Schiedsrichter“* leiten Kinder nicht unbedingt spontan von *„entscheiden“* ab. Werden sie jedoch einmal auf den Zusammenhang aufmerksam gemacht, können sie bei neuen Schreibversuchen in der Regel auf ihn zurückgreifen und sich die richtige Schreibweise des /t/-Lautes als *„d“* erschließen.
Auch im Bereich des Ableitens gibt es Ausnahmen, die dann unter die Kategorie der Merk-Elemente fallen. Hierzu zählt z.B. das nicht ableitbare *„ä“* in *„spät“* oder das *„E“* in Eltern, das nicht konsequent von *„alt“* abgeleitet wird.

Die Relevanz morphematischen Bedeutungswissens für die Rechtschreibung wird auch in folgendem Beispiel deutlich. Bei der Formulierung selbst ausgedachter Spielregeln schrieb Richard: *„Gibt der Turm um, ist der andere dran.“*
Haben Sie erkannt, was Richard meint? Natürlich *„gibt“* der Turm nicht, sondern er *„kippt“*. Bei der Beurteilung dieser Fehlschreibung könnte man zunächst die Hypothese aufstellen, dass Richard unsicher in der Unterscheidung stimmhafter und stimmloser Plosivlaute ist. In seinen Texten sind jedoch keine weiteren Beispiele zu finden, die diese Hypothese untermauern könnten. Ich halte es eher für wahrscheinlich, dass Richard zu dieser Schreibweise gekommen ist, indem er sich an einem häufig benutzten und gelesenen Wort, nämlich tatsächlich *„gibt“*, orientiert hat. Ohne morphematisches Bedeutungswissen einzubeziehen, hat er das Wort quasi logographisch geschrieben.
Es gibt auch einen Zusammenhang von morphematischem Bedeutungswissen und orthographischen Merk-Elementen. Er wird an Beispielen wie *„Lied“*/*„Lid“* und *„war“* und *„wahr“* deutlich. Diese Wortpaare werden auch Homophone genannt. **Die richtige Schreibweise der orthographisch überformten Stellen (*„i“* für /i:/ bzw. *„ah“* für /a/) kann hier nur in Verknüpfung mit der Wortbedeutung gelernt werden.**
Ist die inhaltliche Bedeutung des Wortes erst einmal umfassend begriffen, stellt die richtige Schreibweise in der Regel keine Problem mehr dar.

77 *vgl. May, P., 1993, S. 4*

Für ein Kind, das *„Persohn“* schreibt, kann es also eine wichtige Merkhilfe sein, ihm zu sagen, dass *„Person“* nichts mit *„Sohn“* zu tun hat. Diese Merksätze sollten aber unbedingt nur gebildet werden, wenn ein Kind hier tatsächlich einen Fehler gemacht hat. **Eine prinzipielle Gegenüberstellung von Homophonen sollte nicht vorgenommen werden.** Dies würde nach dem Prinzip der Ranschburgschen Hemmung bei Kindern, denen die Unterscheidung der Wörter vorher klar war, höchstwahrscheinlich zu großer Verwirrung und damit zu mehr Fehlern führen.
Die inhaltliche Klärung kann für das Kind auch sehr hilfreich sein, wenn das Homophon nur einen Wortbaustein bildet. Ein Beispiel hierfür sind die Endungen *„-end“* und *„-ent“*. Das Nachdenken darüber, was *„endlich“* mit *„Ende“* zu tun haben könnte, wird dem Kind bei seinem nächsten Schreibversuch eine wichtige Erinnerungshilfe sein. Morphematisches Bedeutungswissen kann in gleicher Weise auch als Merkhilfe für Bereiche, in denen orthographisches Regelwissen zum Tragen kommt (z.B. *„fast“* gegenüber *„fasst“*) oder für einige alphabetisch schwer zu erschließende Wortstellen (z.B. der Konsonantenverbindung in *„Blatt“* gegenüber *„platt“*) dienen.
Zur Erschließung der Groß- und Kleinschreibung von *„Blatt“/„platt“* muss außerdem die wortübergreifende Strategie eingesetzt werden. Hier wird erneut deutlich, dass eine wesentliche Anforderung beim Rechtschreibenlernen die Integration verschiedener Zugriffsweisen und weniger die einseitige Anwendung einzelner Strategien ist.

Morphematisches Strukturwissen (MS)

Bei komplexeren Wortgefügen ist das Durchschauen ihrer morphematischen Struktur wichtig, um die richtige Schreibweise zu erschließen. Die Wörter müssen in ihre einzelnen Bausteine zerlegt werden können.

Morphematische Annahmen können dann bei der Auflösung von Lautverbindungen unterstützen. Ein gutes Beispiel hierfür stellt das Wort *„Geburtstag“* dar. Sehr häufig wird *„Geburtztag“* oder *„Geburztag“* geschrieben. Oft konzentrieren sich die Kinder in ihren Überlegungen darauf, ob sie nun *„tz“* oder *„z“* schreiben müssen. Sie beziehen ihre orthographischen Überlegungen dabei auf die Sprechsilbe *„-burts-“* und den darin enthaltenen Laut /ts/.

Um die richtige Schreibweise zu erschließen, ist es jedoch notwendig zu erkennen, dass es sich bei dem Wort *„Geburtstag“* um ein Kompositum aus zwei Wortstämmen (*„Geburt“* und *„Tag“*) handelt. Diese werden durch ein Fugen-s verbunden. *„-burts“* ist morphematisch gesehen keine Einheit, denn diese endet schon nach dem *„t“*.
Der wesentliche Lernschritt besteht also für die Kinder darin, sich von der Orientierung an Sprechsilben zu lösen und vermehrt bedeutungstragende Einheiten in den Blick zu nehmen.[78] Einen besonderen Stellenwert hat natürlich das Erkennen des Wortstamms bzw. der Wortstämme (z.B. bei Motorrad). Auf den Wortstamm sind, wenn er erst einmal erkannt wurde, in einem zweiten Schritt häufig weitere Rechtschreiboperationen anzuwenden. Es handelt sich dann gewissermaßen um eine doppelte Herleitung. Bei *„die ausgeraubte Bank“* muss erst der Wortstamm *„raub“* erkannt werden, um dann *„kommt von rauben, also mit ‚b‘“* ableiten zu können. Oft muss im zweiten Schritt auch orthographisches Wissen angewendet werden (z.B. in *„Er schnappte nach dem Jungen.“*).

Dennoch ist auch das Erkennen anderer Wortbausteine (Vorsilben, Endungen, Fugen) wichtig für die Rechtschreibung. Nur wenn ein Kind Vorsilben als solche identifizieren kann, ist es ihm beim Nachdenken über die richtige Schreibweise, beispielsweise bei *„vertragen“* und *„fertig“*, möglich, die richtige Entscheidung zu treffen. Wenn es sich hier allein auf die unzureichende Regel *„ver- immer mit ‚v‘“* bezieht, führt dies zu *„vertig“*. Aber auch wenn das Kind gelernt hat, dass beim Wegstreichen von Vorsilben immer noch ein Wortrest bleibt, der einen Sinn enthält, muss die Lehrkraft bei der Auswahl des Übungsmaterials sehr sorgsam vorgehen. In dem Wort *„verletzen“* muss *„ver-“* dann nämlich als Merk-Element gelernt werden, weil für das Kind mit *„letzen“* kein offen ersichtlich sinntragender Wortstamm übrig bleibt.
Zum morphematischen Strukturwissen gehört auch das Berücksichtigen der Morphemkonstanz. Kinder, die hier noch nicht sicher sind, zeigen sich beim Schreiben komplexer Komposita unsicher. Peter May zeigt das eindrucksvoll am Beispiel des Wortes *„Fernsehprogramm“*.[79] Solange das *„h“* als silbentrennend hörbar gemacht werden kann (z.B. in Fern-se-her) stellt es für viele Kinder kein Problem dar.

[78] *vgl. May, P., 1993, S. 13*
[79] *vgl. ebenda, S. 4f.*

Es ist jedoch ein weiterer Schritt, dieses orthographische Element auch in verwandte Wörter zu übernehmen, in denen es nicht mehr hörbar gemacht werden kann. Quasi auf logographischer Ebene wissen viele Kinder, dass *„da irgendwo"* ein *„h"* hingehört. Wenn der Zugang allein über das eingeprägte Wortbild gegeben ist, wird häufig *„Fehrnsehprogramm"* oder *„Fehrnseprogramm"* geschrieben. Möglicherweise kommt hinzu, dass den Kindern – gerade solchen mit besonderen Schwierigkeiten im Schreiben – die Buchstabenkombination *„Feh"* sehr vertraut ist, ist doch das Wort Fehler für sie oft sehr stark emotional besetzt.
In jedem Fall wurde das Morphem *„fern"* nicht als semantische Einheit erkannt und die Herleitung *„seh-"* von *„sehen"* nicht vorgenommen.
Es kommt auch vor, dass Kinder ihre Schreibsprache so anpassen, dass das silbentrennende *„h"* weiter hörbar bleibt. Sie schreiben dann *„Fernseher-programm"* (s. S. 70). Auch bei der Vorsilbe *„ge-"* kann durch die Ähnlichkeit mit den häufig gelesenen und geschriebenen Formen des Verbs *„gehen"* Verwirrung entstehen (z.B. *„Es ist gehmein."*). Hier sind morphematisches Struktur-, aber auch Bedeutungswissen wichtige Merkhilfen.

⌀ Hypothesen zu subjektiven Theorien im morphematischen Zugriff

Es ist wichtig, auch solche Fehlschreibungen von Kindern zu identifizieren, die auf mangelndes Morphembewusstsein zurückzuführen sind. Oberflächlich betrachtet könnte man viele der gezeigten Rechtschreibphänomene auch auf Schwierigkeiten im orthographischen oder gar alphabetischen Bereich zurückführen. Oft bestehen diese Schwierigkeiten auch tatsächlich. Insbesondere im relativ komplexen Bereich der Konsonantendopplung gewinnen Kinder nur langsam Sicherheit. **Die entscheidende Zugriffsweise zum richtigen Erschließen und auch zum Einprägen der Schreibweise liegt jedoch oft im morphematischen Bereich.** Ich will das an einigen Beispielen verdeutlichen. All diese Beispiele stammen aus freien Texten, die die Kinder in Förderstunden verfasst haben. Einige Kinder fragen beim Schreiben an den für sie kritischen Stellen direkt nach der richtigen Schreibweise und machen eigene Vorschläge. In dieser Situation ist es wichtig, den Kindern möglichst schnell die Gedankengänge

offen zu legen, die zum Ableiten der Schreibweise erforderlich sind. Die Kinder sollten auf keinen Fall durch längere Erklärungen oder mühsames, fragengeleitetes Hinleiten in ihrem Schreibfluss gestört werden. („*Von was kommt denn das Wort?*“ Warten auf die Antwort des Kindes und eventuell weiteres Hinleiten. „*Und wie musst du es dann schreiben?*“ Erneutes Warten und eventuell Korrigieren der Antwort des Kindes.)
Es kommt vielmehr darauf an, dass der Erwachsene sofort erfasst, vor welchem Hintergrund das Kind seine Frage stellt und dann eine für das Kind hilfreiche Antwort gibt. Für Kinder, deren kognitive Energie noch sehr an das phonetische Verschriften gebunden ist, kann das heißen, das erfragte Wort einfach vorzuschreiben. Bei Kindern, die bereits morphematische und orthographische Überlegungen einbeziehen können, sollte die Chance, dass sie sich gerade mit authentischer Motivation für die richtige Schreibweise des Wortes interessieren, genutzt werden, um die hier hilfreichen Schreibstrategien aufzuzeigen. Als sehr nützlich haben sich hier die bereits erwähnten kognitiven Zusätze von Christine Mann erwiesen.[80] Die Kinder fühlen sich nicht belehrt oder vom Schreiben abgehalten. Oft sprechen sie den zweiten Teil („*darum mit ...*“) von selbst mit.
Einige Kinder habe ich auch im Nachhinein nach der Begründung für ihre Schreibweise befragt. Dieses Befragen zielt im Rahmen der Förderung eher auf ein Bewusstmachen oder Ausdifferenzieren der subjektiven Theorien des Kindes. Es ist nicht zwingend notwendig, dass die bewusst geäußerten Begründungen auch jenen entsprechen, die implizit zu den gezeigten Schreibweisen geführt haben.

Beispiele:

▸▸ ***„ge“ kommt nicht immer von „gehen“***

Ein Viertklässler fragte, während er seine Texte verfasste, regelmäßig nach dem „h“: „‚aufgestanden‘ mit ‚h‘?“ oder „‚gegangen‘ mit ‚h‘?“ Auch bei dem Wort Marienkäfer fragte er nach der richtigen Schreibung. Ich schrieb das Wort auf einen Zettel und beim ersten Gebrauch übernahm er die richtige Schreibweise in seinen Text. Im weiteren Verlauf schrieb er jedoch „Gehfer“ für „Käfer“.

[80] *vgl. Mann, C., 2002*

An dieser Stelle wurde sehr offensichtlich, dass dem Jungen der Unterschied zwischen der Vorsilbe „ge-“ und den verschiedenen Verb- und Verwendungsformen von „gehen“ völlig unklar waren. Er hatte für sich die Theorie gebildet: „Ich schreibe ‚ge‘ immer ‚geh‘.“ Diese Theorie ging möglicherweise sogar so weit, dass er eigentlich lautgetreu zu schreibende Wortstellen („K“ in „Käfer“) daran anpasste. Grundlegende Schwierigkeiten in der Unterscheidung stimmhafter und stimmloser Plosivlaute am Wortanfang zeigte der Schüler nicht. Genau genommen war sich der Schüler seiner subjektiven Theorie mittlerweile auch gar nicht mehr so sicher. Sonst hätte er kaum genau an diesen Stellen nachgefragt. **Es war also ganz wichtig, ihm auf seine Fragen hin nicht nur die korrekte Antwort zu geben, sondern gleichzeitig transparent zu machen, wie er selbst diese Antwort finden kann.**

Begleitend zum Verfassen freier Texte wurde seine Aufmerksamkeit in den von mir vorstrukturierten Förderstunden immer wieder auf das Präfix „ge-“ gelenkt, und zwar zunehmend auch in Beispielwörtern, in denen „ge-“ nicht am Wortanfang steht, wie etwa in „ungerecht“. So gewann er langsam Sicherheit im Identifizieren und richtigen Gebrauch des Morphems „ge-“. Dass er beispielsweise „geht“ nach wie vor richtig schrieb, zeigte mir, dass er gelernt hatte, sein Schreiben in Bezug auf diese Lautverbindung entsprechend der Bedeutung zu differenzieren.

Das „h“ macht den Unterschied

Im Gegensatz zum Beispiel oben, in dem sich die h-Schreibung vom silbentrennenden „h“ in „gehen“ ableitet, also nach Ableitung hörbar gemacht werden kann, geht es nun um ein „h“, das reines Merk-Element ist. **Nicht selten kommen Kinder, wenn sie in der Schule Wörter mit „Dehnungs-h“ bearbeitet haben, zu dem Schluss, dass lange Vokale prinzipiell mit einem „h“ gekennzeichnet werden müssen.** *Sie hängen also hinter jeden Vokal, den sie als lang identifizieren, ein „h“. Durch die Bezeichnung „Dehnungs-h“ wird diese Theorie oft unterstützt. Ich bevorzuge darum den Begriff „stummes h“. Orientiert an dieser fehlerträchtigen Theorie schreiben die Kinder dann beispielsweise „Schuhle“ oder „wahr“. In beiden Beispielen kommt möglicherweise noch hinzu, dass sie die ähnlichen bzw. gleichen Wortbilder „Schuhe“ und „wahr“ im logographischen Sinn vor Augen haben.*

Bei den meisten Kindern legt sich die vermehrte Verwendung des „h" nach einiger Zeit wieder. Aber einige Kinder, besonders solche, die in Bezug auf die Rechtschreibung sehr verunsichert sind, halten lang daran fest und prägen sich so falsche Regeln und/oder Wortbilder ein. ***Oberstes Prinzip im Unterricht muss natürlich sein, solche Verwirrungen von vornherein zu vermeiden.*** *Dies kann geschehen, indem die Kinder immer wieder darauf hingewiesen werden, dass dieses „h" ein Buchstabe ist, den man nicht hören kann und für den es auch keine Regel gibt. Mir ist bewusst, dass mittlerweile auch Regeln für das „stumme h" entwickelt wurden. Nach dem Marburger Rechtschreibtraining von Gerd Schulte-Körne und Frank Mathwig wird den Kindern beispielsweise vermittelt, wie sie über ein 4-stufiges Wenn-Dann-System die richtige Schreibentscheidung herleiten können.*[81] *Allerdings ergeben sich auch bei diesem System wieder sehr viele Ausnahmen, die dann doch wieder auswendig gelernt werden müssen. Die Vermittlung dieses komplexen Systems trägt offensichtlich nicht dazu bei, das Schreiben für Kinder als überschaubaren Lernbereich darzustellen.*

Da zwischen Lernen von Regeln und deren Anwendung noch einmal ein großer, oft schwer zu bewältigender Schritt liegt, plädiere ich dafür, die Energie für das Regellernen lieber zum Einprägen von Wörtern mit Merk-Elementen zu nutzen. *Die sinnvolle Strategie für das „stumme- h" hieße also: „Ich schreibe ‚h', wenn ich es mir für dieses Wort oder eines, das dazu gehört, gemerkt habe." Dennoch kam es bei einem Schüler dazu, dass er regelmäßig „wahr" für „war" schrieb („Als ich zehn wahr,..."). Für diesen Schüler war es hilfreich, die beiden Wörter zunächst auf inhaltlicher Ebene zu klären und dann gemeinsam mit ihm einen Merksatz zu formulieren. (Meistens „war" ohne „h", außer das Wort kommt von Wahrheit.) Genau genommen musste der Schüler sich auf seinen Merksatz kaum noch berufen, denn bereits die intensive gedankliche*

[81] *Schulte-Körne, G. & Mathwig, F., 2001, S. 8–4*

Auseinandersetzung mit diesem Rechtschreibphänomen führte dazu, dass ihm die Unterscheidung nachher völlig klar war und er dabei keine Fehler mehr machte. „War" und „wahr" hätten natürlich auch über den grammatischen Zugang unterschieden werden können. Meiner Erfahrung nach ist die Klärung auf der Bedeutungsebene für Kinder jedoch leichter nachzuvollziehen. Schließlich kann das Morphem „wahr" auch in Substantiven (Wahrheit) oder Verben (wahrsagen) vorkommen und die Ableitung „war kommt von sein" ist für Kinder oft schwer praktisch umzusetzen.

⊗ Wortübergreifende Strategie (WÜ)

Für die Anwendung wortübergreifender Strategien gehen die Kinder über die Analyse einzelner Wörter hinaus und nehmen Satzteile oder ganze Sätze in den Blick. Im Bereich der wortübergreifenden Strategie unterscheidet Peter May zwischen elementaren Zugriffsweisen, die bereits gegen Ende der Grundschulzeit von vielen Kindern beherrscht werden, und weiterführenden Zugriffsweisen, die erst später gelernt werden.[82] In der Konzeption des vorliegenden Leitfadens wird diese Einteilung erst einmal zugunsten der Unterscheidung verschiedener wortübergreifender Rechtschreibphänomene aufgelöst. Eine zusammenfassende Einschätzung wird erst, wie bei den anderen Strategien auch, im Abschluss vorgenommen. Die Fähigkeiten, die Kinder zum Schreiben nach wortübergreifenden Gesichtspunkten benötigen, sind zu großen Teilen dem grammatischen Verständnis zuzuordnen. Ein weiterer wichtiger Bereich ist die Fähigkeit zum Anwenden verschiedener formaler Regeln (z.B. Zusammen- und Getrenntschreibung). Es sollen in diesem Leitfaden nicht sämtliche Regelungen im wortübergreifenden Bereich abschließend ausgeführt werden. Jede Lehrkraft muss hier selbst festhalten, welche Regeln bereits behandelt wurden und welche Anwendung sie bei den Kindern in welchem Maße erwartet. Einige Phänomene möchte ich jedoch näher ausführen, da sie in der Praxis häufiger auftauchen. So führen beispielsweise von den Kindern falsch ausgebildete subjektive Theorien zur Groß- und Kleinschreibung zu sehr vielen Fehlern. Eine normorientierte Variation dieser Regeln ist also geeignet, den Kindern einen großen Fortschritt zu ermöglichen.

[82] *vgl. May, P., 2002, S. 5*

Groß- und Kleinschreibung

Die Großschreibung am Satzanfang gehört zu den elementaren Strategien. Da sie auch von rechtschreibschwachen Kindern in der Regel schnell und sicher beherrscht wird, soll hier nicht weiter darauf eingegangen werden. Auch die Berücksichtigung der Wortart zur Erschließung der Groß- und Kleinschreibung erlernen die meisten Kinder bereits in der Grundschule, wobei sie zunächst noch relativ stark auf voranstehende Artikel angewiesen sind.[83] **Zuerst werden konkrete Sachen als Nomen erfasst und groß geschrieben. Später werden auch abstrakte Nomen als solche erkannt.** In der Sekundarstufe identifizieren die Kinder Nomen zunehmend auch ohne einen Artikel (*„Mit Hilfe des Getränks wurden sie zu Superhelden.“*). Losgelöst von der grammatischen Ebene, auf der Entscheidungen bezüglich der Groß- und Kleinschreibung zu treffen sind, folgen einige Schreibungen scheinbar auch einer wörtlichen Auffassung. So stellte Peter May beispielsweise fest, dass das Wort *„Päckchen“* 4-mal häufiger klein geschrieben wurde als andere Nomen und führt dies auf die sprachliche Verkleinerungsform zurück.[84] Meiner Einschätzung nach kommt diese wörtliche Auffassung in einzelnen Worten zum Tragen. Ich habe noch nicht erlebt, dass ein Kind die Einschätzung, ob etwas tatsächlich eher groß oder eher klein ist, als einziges und durchgängiges Prinzip zur Erschließung der Groß- und Kleinschreibung herausgebildet hat.

Sehr häufig bilden die Kinder beim Erlernen der Großschreibung die Regel: *„Nach einem Artikel schreibe ich groß.“* Nicht selten provozieren auch Unterrichtsmaterialien oder Kommentare von Erwachsenen die Ausbildung dieser Regel. Entsprechend wird dann *„für einen Kurzen moment“* geschrieben. Die subjektive Theorie des Schülers muss also dahingehend modifiziert werden, dass sie berücksichtigt, dass das Nomen nicht immer direkt auf den Artikel folgen muss, sondern andere Wörter (z. B. Adjektive) dazwischen stehen können. Eine dies berücksichtigende Strategie hieße dann: *„Wenn ich einen Artikel schreibe, achte ich auf das Wort, auf das er sich bezieht und schreibe es groß.“* Diese Strategie kann später auch zum Erkennen von nominalisierten Wörtern eingesetzt werden. Noch weiter ginge dann die Einsicht, dass Artikel manchmal auch in anderen Wörtern versteckt sein können,

[83] vgl. May, P., 1993, S. 11
[84] vgl. ebenda, S. 12

z.B. *„Ich habe beim (bei + dem) Tauchen Wasser geschluckt".* Die Artikel werden in der Rechtschreibförderung also als Signale für die Großschreibung eingeführt. **Ein weiteres Problem ergibt sich bei einigen Kindern daraus, dass sie nicht sicher sind, was ein Artikel ist. Oft werden dann kurze Wörter wie *„von"* oder *„für"* auch für Artikel gehalten.** Die falsche Großschreibung in *„Ich sah ihn nur von Hinten."* könnte hierauf zurückzuführen sein. **Während des Schreibens machen Kinder häufig mehr Fehler in der Groß- und Kleinschreibung, als es ihrem Regelwissen entspricht.** Es ist darum für die Förderung ausgesprochen wichtig, ihnen gute Kontrollstrategien zu vermitteln. Hier spielt die Artikelsuche, aber auch das Erkennen der Substantivendungen (-ung, -heit, keit-, -nis / -nisse, -schaft) als Signale für die Großschreibung eine wichtige Rolle.[85]

Zeichensetzung

A. Satzpunkte:

Bei der Zeichensetzung gehören die Satzpunkte zu den elementaren Zugriffsweisen. Beim Schreiben einzelner Sätze nach Diktat bereitet das Setzen der Punkte bereits in den ersten Klassen der Grundschule keine Probleme mehr. Im Gegenteil wurde sogar festgestellt, dass Kinder in der Sekundarstufe hier wieder mehr Fehler machen. Dieses Phänomen ist aber wohl weniger auf einen Wissensverlust zurückzuführen. Näher liegt die Erklärung, dass das Weglassen der Punkte auf eine geringere Sorgfalt im Abschließen schriftlicher Arbeiten zurückzuführen ist.[86] Oft sind Erwachsene selbst auch versucht, fehlende Punkte quasi als *„Kavaliersdelikt"* zu beurteilen und nicht zum Thema zu machen, wenn sie mit Kindern auf Satzebene üben. Sie unterstützen damit jedoch die Haltung der Kinder, dass Satzpunkte nicht so ernst zu nehmen seien. Die Funktion von Satzpunkten als Strukturierungshilfe für den Leser kommt allerdings tatsächlich auch erst richtig zum Tragen, wenn Sätze aufeinander folgen. Diese Funktion erfahren Kinder authentisch, wenn sie ihre eigenen Texte vorlesen und dabei an den Satzgrenzen ins Stocken geraten. Der Lehrer kann seinem *„Wunsch*

[85] *vgl. Mann, C., 2002, S. 58ff.*
[86] *vgl. May, P., 1993, S. 12*

nach Punkten als Hilfe beim Lesen" Nachdruck verleihen, indem er beim Vorlesen eines Textes über die nicht gesetzten Punkte hinwegliest und dafür an anderen Stellen Pausen macht. Die Texte hören sich dann sehr entfremdet an und das Kind kann besser nachvollziehen, warum Punkte wichtig sind. **Beim Schreiben eigener Texte ist das Setzen der Punkte schwerer als bei einzelnen diktierten Sätzen.** Zum einen sind die von den Kindern konstruierten Satzgefüge oft komplexer, als sie es bei vom Lehrer ausgewählten Arbeitstexten sind. Die Abgrenzung einzelner Sätze wird dadurch erschwert. Zum anderen lassen es die Eingebundenheit in den Schreibprozess und die inhaltsbezogene, emotionale Beteiligung scheinbar weniger zu, dass die Kinder sich auf eine vom Inhalt losgelöste Rechtschreibebene begeben und den Schreibfluss für die Anwendung noch nicht automatisierter Strategien unterbrechen. Zur Beurteilung der kindlichen Kompetenzen in diesem Bereich ist es darum wichtig, dass die Kinder die Gelegenheit hatten, den Text noch einmal durchzulesen und evtl. Punkte nachzutragen.

Wenn ein Kind nur sehr wenige Punkte macht, hat es vielleicht eine eigene Theorie zur Funktion dieses Satzzeichens gebildet. Ein Junge – René – nahm im Rahmen einer integrativen Lerntherapie regelmäßig Wörter aus seiner Lernkartei zum Anlass, längere Geschichten zu erfinden. In seiner ersten Geschichte, die eine DIN-A-5-Seite umfasste, setzte er lediglich einen Punkt – ganz am Schluss des Textes. In der zweiten setzte er außer dem *„Geschichten-Endpunkt"* noch zwei weitere. Auf den ersten folgte die Formulierung *„Nach einer Woche"* und auf den zweiten *„Nach einem Jahr"*. Es lag also die Vermutung nahe, dass René Punkte einsetzte, um inhaltlich einen Zeitsprung in seiner Geschichte zu markieren. Auf Nachfrage bestätigte er diese Hypothese. Anhand seiner Geschichten wurde nun mit ihm besprochen, dass die Punkte auch eine Hilfe für den Leser sind und ich bat ihn, mir als (Vor-)Leser zuliebe mehr Punkte zu setzen. Ohne weitere grammatische Ausführungen zum Satzbegriff konnte René diese Bitte umsetzen. Innerhalb kurzer Zeit setzte er an nahezu allen erforderlichen Stellen Punkte. Als Übergangslösung ging er für einen Zeitraum von ca. vier Wochen selbstständig dazu über, jeden Satz in einer neuen Zeile zu beginnen. Vermutlich half ihm dies, einen Satz eher als in sich geschlossene Einheit zu begreifen. Ebenso selbstständig legte er diese formale Gliederung nach einiger Zeit wieder ab, behielt aber seine Punktsetzung bei.

B. Kommas und Anführungszeichen für wörtliche Rede:

Auch in Bezug auf die weitere Zeichensetzung ist festzustellen, dass Kinder am Ende der Grundschulzeit bei den Schreibaufgaben der HSP weniger Fehler machen als in den ersten Jahren der Sekundarstufe.[87] Peter May führt dies darauf zurück, dass Kinder in der Grundschule ihre Satzzeichen *„naiv"* setzen und bei relativ einfachen Satzstrukturen damit oft zu richtigen Ergebnissen kommen. In der Sekundarstufe werden sie dann mit vielen formalen Regelungen konfrontiert und so in ihrer intuitiven Zeichensetzung erschüttert. Dies führt zuerst einmal zu mehr Fehlern. Im weiteren Verlauf überwinden die Kinder diese Verunsicherung jedoch und erreichen Sicherheit auf einem höheren Niveau als zu Beginn des Lernschrittes.[88]

Dass Kinder in der weiterführenden Schule bei den Anführungszeichen für die wörtliche Rede mehr Fehler machen, könnte auch darauf zurückzuführen sein, dass die Kinder nun weniger Geschichten, sondern eher Sachtexte schreiben. Das Schreiben von Dialogen tritt damit etwas in den Hintergrund und entsprechend üben die Kinder diesen Bereich der Zeichensetzung auch weniger. Meiner Erfahrung nach können Kinder die formalen Regelungen zur Kennzeichnung der wörtlichen Rede (z.B. erst Anführungszeichen oben, dann Komma), nachdem sie noch einmal besprochen wurden, leichter umsetzen als Kommaregeln. Eine Ausnahme bildet hier die Kommasetzung bei Aufzählungen, die Kinder relativ leicht und sicher lernen. Werden komplexere Regeln zur Kommasetzung geübt, kommt es sehr schnell zu den von Peter May angenommenen Fehlern durch Konfusion. Sie zeigen sich beispielsweise in der Tendenz, viel zu viele Kommas zu setzten. Manchmal neigen die Kinder dann dazu, alle Satzglieder durch Kommasetzung abzugrenzen.

[87] vgl. May, P. 1993, S. 12
[88] vgl. ebenda

Zusammen- und Getrenntschreibung

Ist der Wortbegriff der Kinder erst einmal gut ausgeprägt, erfordern richtige Schreibentscheidungen in Bezug auf die Zusammen- und Getrenntschreibung vor allem die Anwendung verschiedener formaler Regeln und ein gutes grammatisches Verständnis.

Folgendes Beispiel aus dem Text eines Schülers macht deutlich, dass die Kinder in ihrer Perspektive auf Rechtschreibung über die Betrachtung einzelner Wörter hinausgehen müssen. Der Text handelt von drei Frauen, die im Meer ertrinken, aber durch den Kuss von drei Meerestieren in Nixen verwandelt und so gerettet werden.

- *„Auf einmal zog sie ein Unterwasserstrudel auf den Meeresgrund.* (...) *Sie sind nicht gestorben, sondern haben ein wunderschönes Leben unterwasser mit ihren Haustieren, die ihnen das Leben gerettet haben."*

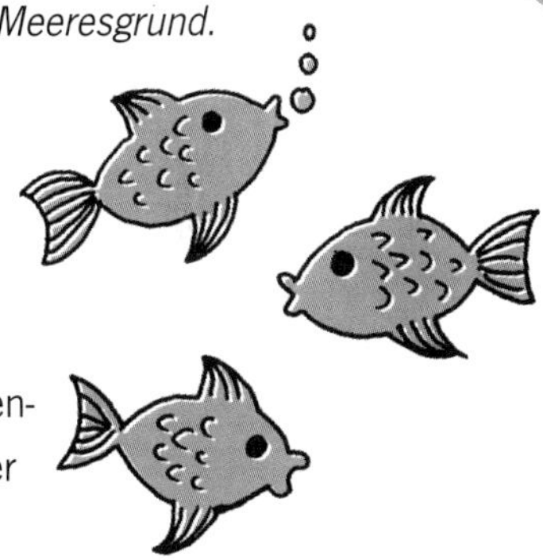

Fehlerhafte Zusammenschreibungen können sich auch daraus ergeben, dass Schüler nach Betonungsmustern schreiben. Das bedeutet, dass sie jene Wörter zusammenschreiben, die ihnen beim Vorsprechen dicht aufeinander folgend erscheinen.[89]

- ***„Der Typder das isst (,) dem getes schlecht."***
- ***„Der Kobold zeigt allen woss (wo es) langgeht."***

Im Grunde sind diese Zusammenschreibungen Zeichen für eine unangemessene Orientierung an der Alltags- oder individuellen Schreibsprache, die die Kinder erst noch zu Gunsten einer schriftorientierten Sprache überwinden müssen. Dass das Schreiben nach Betonungsmustern teilweise aber auch tatsächlich in die anerkannte Schriftsprache übernommen wird, zeigt die allgemein übliche Schreibweise von *„Wie geht's?"* Hier kennzeichnet der Schreiber durch das Apostroph jedoch, dass er sich der Auslassung des *„e"*, also der Herleitung von *„Wie geht es?"*, bewusst ist.

[89] *Die Zusätze in Klammern wurden von mir zum besseren Verständnis eingefügt.*

Grammatische Unterscheidungen

Zur wortübergreifenden Strategie zählt auch die Fähigkeit, gleich klingende Wörter grammatisch zu unterscheiden und so die richtige Schreibweise abzuleiten. Dies ist beispielsweise bei den Wortpaaren *„das"/„dass"* oder *„Mann"/„man"* notwendig. Für die Unterscheidung von *„das"/„dass"* bilden Kinder häufig die falsche Regel *„nach dem Komma immer dass"*. In einem Beispielsatz wie *„Das Mädchen, das vor mir sitzt, heißt Ina."* führt diese Regel zum falschen Ergebnis. Es ist darum sinnvoll, den Kindern die Einsatzprobe mit *„jenes"/„welches"* einüben zu lassen. Auch viele Kinder, die ansonsten große Probleme im Rechtschreiben zeigen, können dann sehr sicher die richtige Entscheidung treffen. Kinder mit gutem grammatischem Verständnis gelingt es mit einiger Übung zunehmend, den Unterschied zwischen den beiden Wörtern implizit zu erfassen und auch in freien Texten spontan richtig zu schreiben. Wenn von gleich klingenden Wörtern die Rede war, so ist dieses *„gleich klingend"* ausdrücklich auf die Sprache der Kinder zu beziehen. Bei einigen kommt beispielsweise die korrekte Verwendung des Dativs in der Alltagssprache nicht vor. Sie sagen dann *„Rudolf stellte den neuen Nikolaus die Kobolde vor."*, *„Er brachte jeden die Geschenke."* oder *„Nach einen Jahr ..."*, und viele schreiben dies auch so. Die Hoffnung, dass solche Fehler einfach durch vermehrtes Lesen überwunden werden können, erfüllt sich häufig nicht. Warum dies so ist, wird offensichtlich, wenn man diesen Kindern beim lauten Vorlesen genau zuhört. Hier kann man feststellen, dass sie den Text oft nach ihrem eigenen grammatischen Verständnis umformen und die kritischen Stellen entsprechend falsch lesen. Sie bestätigen und festigen damit immer wieder ihre eigenen, falschen Formulierungen. **Es ist also notwendig, die Kinder bewusst auf den Unterschied zwischen ihrer persönlichen gesprochenen Sprache und der Schriftsprache hinzuweisen** und dann das grammatische Wissen bzw. dessen Anwendung zu fördern. Die Ausprägung einer schriftorientierten Pilotsprache kann diesen Aneignungsprozess unterstützen.

Zusammenfassung der Hypothesen zur wortübergreifenden Strategie

In Anschluss an die differenzierte Betrachtung einzelner wortübergreifender Zugriffsweisen können die Ergebnisse noch einmal zusammengefasst werden. Dabei kann sich herausstellen, dass ein Kind in diesem Bereich im Vergleich zu anderen Strategien deutliche Stärken hat. Möglicherweise gelingt es ihm besonders gut, formale Regelungen anzuwenden oder es hat ein gut ausgeprägtes grammatisches Verständnis.
Die festgestellten Stärken sollten dem Kind unbedingt transparent gemacht werden. An dieser Stelle soll jedoch noch einmal daran erinnert werden, dass die freien Texte von Kindern im Einzelfall sehr unterschiedliche Anforderungen an ihre Rechtschreibkompetenz stellen. Während einige Kinder komplex verschachtelte Sätze schreiben und sich darin auch einmal verlaufen, bevorzugen es andere, ihre Sätze einfacher zu strukturieren und so auf der sicheren Seite zu bleiben. Zur Beurteilung der wortübergreifenden Zugriffsweisen eines Kindes auf der Grundlage freier Texte sind die textimmanenten Anforderungen also unbedingt zu berücksichtigen.
Die Zahl der Fehler in diesem Bereich kann dazu in Relation mit der Zahl wortübergreifender Stellen insgesamt gesetzt werden.

3.

Überflüssige orthographische Elemente (ÜO)

Von besonderer Bedeutung für die Hypothesenbildung zur Lernentwicklung eines Kindes sind Fehler, die durch überflüssige orthographische Elemente entstehen. Im aktiven Aneignungsprozess der Rechtschreibung kommen die Kinder durch Analogienschlüsse zu generalisierten Regeln. Diese Regeln entsprechen nicht immer den gängigen Rechtschreibnormen (z.B. *„Nach der, die, das immer groß."*) oder sie werden an Wortstellen angewandt, an denen sie nicht gefordert sind (z.B. *„Maschiene"* für *„Maschine"*). Dieses Phänomen wird häufig auch als Übergeneralisierung bezeichnet. Fehler durch **Übergeneralisierung** lassen sich gut den verschiedenen Strategien zuordnen, wodurch weitere Erkenntnisse über die individuellen Theorien des Schreibers gewonnen werden können. Sehr häufig werden überflüssige orthographische Elemente im Bereich der Längen- oder Kürzzeichen gezeigt. Sowohl der Doppelkonsonant in *„bekammen"* (bekamen) als auch in *„Wollke"* (Wolke) sind den orthographischen Regel-Elementen zuzuordnen, wenn auch auf unterschiedlichem Niveau. Die überflüssige Konsonantendopplung in *„Buss"* (Bus) wäre hingegen den orthographischen

Merk-Elementen zuzurechnen, da hier abweichend von der Regel nach einem kurzen Vokal nur ein Konsonant geschrieben wird. Zu den überflüssigen orthographischen Elementen im Bereich der Merk-Elemente zählen auch falsch platzierte h-Schreibungen wie *„gihng“* (ging) oder *„wahr“* (war) – auch hier ist das zweite Beispiel auf höherem Niveau anzusiedeln, da das *„h“* im Gegensatz zum ersten Beispiel seiner Funktion entsprechend eingesetzt wurde.

Zu den überflüssigen orthographischen Elementen zählt auch die falsche Verwendung von Orthographemen an Stelle von Basisgraphemen, etwa in *„vervolgt“* (verfolgt). **Übergeneralisierungen im morphematischen Bereich lassen sich oft nur vermuten, weil allein auf der Grundlage eines Textes nicht zweifelsfrei geklärt werden kann, was der Schreiber tatsächlich gedacht hat.**
Bei *„Männschen“* (Menschen) liegt es nahe, dass das Wort von *„Mann“* abgleitet wurde (morphematisches Bedeutungswissen). Bei *„vertig“* wurde wohl fälschlich davon ausgegangen, dass es sich am Wortanfang um eine Vorsilbe handelt (morphematisches Strukturwissen). Die Schreibweise von *„Weld“* (Welt) zeigt, dass das Phänomen der Endlautverhärtung erkannt wurde, dass der Schreiber aber noch nicht über angemessene morphematische Strategien verfügt, um seine morphematische Überformung auf seine Angemessenheit hin zu prüfen. Dieses Beispiel zeigt deutlich, dass im Verlauf des Lernprozesses leichte Wörter zu schweren Wörtern werden können.
Kinder, die noch dem Prinzip *„Schreibe wie du sprichst“* folgen, kommen beispielsweise bei *„Krokodil“* zum richtigen Ergebnis. Kinder, die erkannt haben, dass das lange *„i“* in der Regel durch *„ie“* dargestellt wird und damit eigentlich schon einen Schritt weiter sind, schreiben hingegen mit größerer Wahrscheinlichkeit *„Krokodiel“*. Paradoxerweise ist in diesem Fall das Kind, das den Fehler macht, der kompetentere Schreiber als jenes, das richtig

schreibt. Dieses Paradoxon lässt sich leicht auflösen, wenn man Fehler nicht als Mangel begreift, sondern als Ausdruck eigenaktiver Auseinandersetzung mit dem Lerngegenstand Rechtschreibung. **Manchmal kommt es vor, dass Kinder geforderte orthographische Elemente durch falsche orthographische Elemente darstellen, z.B. *„doff"* für *„doof"* oder *„rendt"* für *„rennt"*.** Solche Fehler werden nicht als überflüssige orthographische Elemente gewertet, da sie bereits in die Analyse der entsprechenden Strategien eingeflossen sind. Auch phonologische Nuancen oder Wortergänzungen (s. S. 68) zählen nicht zu den überflüssigen orthographischen Elementen. Solche Fehler sind, wie bereits beschrieben, der alphabetischen Strategie zuzuordnen. Sie entstehen durch Unsicherheiten in der Lautanalyse und nicht durch Unsicherheiten in der Anwendung von übergeordneten Strategien. Die falsche Stelle in *„Tastertur"* entstand zwar durch Übergeneralisierung (*„er"* für /a/), ist aber nicht als überflüssiges orthographisches Element zu werten. Die beschriebenen Beispiele zeigen, dass überflüssige orthographische Elemente als produktive Erprobungsversuche in der Anwendung orthographischer oder morphematischer Prinzipien gewertet werden können.[90] Sie treten im Laufe der Lernentwicklung regelmäßig auf. Werden jedoch über einen längeren Zeitraum hinweg viele Fehler durch überflüssige orthographische Elemente gemacht, so zeigt dies, dass der Schreiber sehr unsicher im Umgang mit diesen Elementen ist. **Wenn gleichzeitig nur wenige geforderte orthographische und morphematische Wortstellen richtig dargestellt werden, ist eine grundlegende Verunsicherung des Schülers im Sinne einer Lese-Rechtschreib-Schwäche (LRS) zu befürchten.** Rechtschreibung erscheint diesen Kindern oft unübersichtlich und verwirrend. Die Kinder irren im wahrsten Sinne des Wortes in einem dichten Wald aus falschen Regeln und unangemessenen Strategien umher und kommen so ständig zu falschen Ergebnissen. Das Vertrauen in die eigenen Fähigkeiten sinkt immer mehr und die Unsicherheit verfestigt sich. Für solche Kinder ist es ausgesprochen wichtig, den Lernstoff

[90] *May, P., 2002, S. 18*

stark zu strukturieren und überschaubar zu machen. Ausgesprochen ungünstig ist es hingegen, sehr verunsicherte Kinder an einer Vielzahl unterschiedlicher Rechtschreibbereiche gleichzeitig arbeiten zu lassen. Bei der Arbeit mit freien Texten sollte darauf unbedingt Rücksicht genommen werden. Hier ist es oft besser, einige Fehler unkorrigiert stehen zu lassen oder sie, falls vom Kind gewünscht, als Lehrkraft selbst zu verbessern und nur ausgewählte Bereiche zu besprechen. Richtige Schreibungen und Lernfortschritte sind unbedingt hervorzuheben, um dem Kind mehr Zutrauen in die eigene Kompetenz zu vermitteln.

Oberzeichenfehler (OZ)

Eine Vielzahl fehlender oder falsch gesetzter Oberzeichen (t-Striche, i-Punkte und Umlautzeichen) lässt meist auf eine geringe Sorgfalt beim Schreiben oder *„mangelnde Aufmerksamkeitskontrolle“* schließen.[91] Die Ursachen können auch hier vielfältig sein. Besonders bei rechtschreibschwachen Kindern ist die Wahrscheinlichkeit groß, dass die Aufmerksamkeit noch stark durch das Erschließen der Schreibweise beeinträchtigt ist. Für die Konzentration auf Oberzeichen haben sie dann keine Energie mehr. Wenn die Anwendung wichtiger Schreibstrategien noch wenig automatisiert ist und längere Wörter geschrieben werden müssen, geht im Arbeitsgedächtnis der *„Merker“*, dass noch Oberzeichen gesetzt werden müssen, quasi zwischen anderen Überlegungen unter. **Viele Oberzeichenfehler können also ein Signal für besondere Rechtschreibschwierigkeiten sein.**

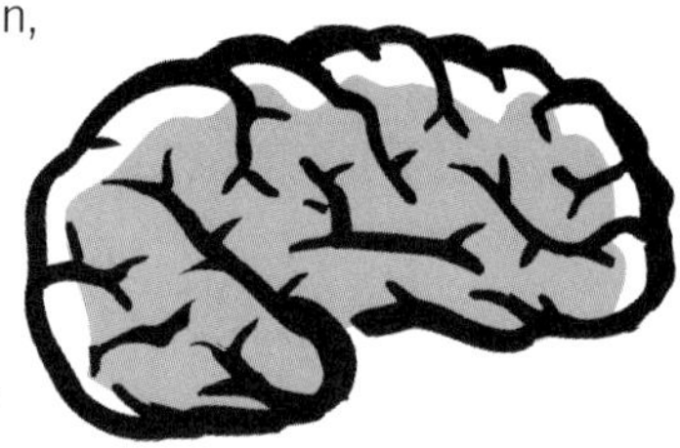

Auch ein schlechtes Schriftbild kann dazu führen, dass Oberzeichen nach Abschluss eines Wortes nicht mehr oder nicht an der richtigen Stelle gesetzt werden. Bei einer Schülerin geriet das in lateinischer Schreibschrift dargestellte *„t“* regelmäßig zu einer Schleife, so dass sie es im Nachhinein beim flüchtigen, rein visuellen Prüfen für ein *„l“* hielt und keinen t-Strich machte. So wurde das *„t“* nun auch für den Leser zum *„l“*. Dieses Problem konnte die Schülerin beheben, indem sie sich eine andere Schreibweise für das *„t“* überlegte, die an die Druckschrift angelehnt war.

[91] *May, P., 2002, S. 19*

Es muss betont werden, dass Kinder und besonders Jugendliche (zu Recht) sehr sensibel reagieren, wenn man ihnen Tipps zur Verbesserung der Schrift gibt. Schrift ist eine sehr persönliche Ausdrucksform und gerade Jugendliche setzen sich oft stark damit auseinander, ihre eigene Schrift zu entwickeln. Es kann hilfreich sein, das Problem vorsichtig aus der Perspektive des Lesers zu formulieren und die Kinder selbst eine Lösung entwickeln zu lassen. Eigene Anregungen können als Vorschläge mit der Bitte, sie über einen bestimmten Zeitraum einmal auszuprobieren, vermittelt werden. In diesem Zeitraum sollte es die Lehrkraft auf keinen Fall versäumen, Versuche des Kindes, die Anregung umzusetzen, positiv durch Lob zu verstärken. **Die bewusste Umstellung von Schrift bedeutet für Kinder immer erst einmal das Aufgeben einer Routine und damit ein Mehr an Anstrengung.** Die Anerkennung der Anstrengungsbereitschaft kann das Durchhalten des Kindes fördern und dazu beitragen, dass es eine neue Routine auf höherem Niveau (weniger Fehler und damit auch eine bessere Lesbarkeit) ausbildet.
Mangelnde Sorgfalt kann in einzelnen Fällen auch darauf zurückgeführt werden, dass dem Schreiber das Endprodukt nicht wichtig ist. Dieses Problem kann behoben werden, indem immer wieder Situationen geschaffen werden, in denen die Veröffentlichung des Textes in Aussicht gestellt und realisiert wird.

Erste Durchsicht des Textes

Soll eine umfassende Lernstands- oder Strategieanalyse vorgenommen werden, ist es sinnvoll, den herangezogenen Text zu kopieren. Dann können direkt im Text Markierungen vorgenommen werden. Sicher entwickelt hier jeder sein eigenes System von Symbolen und Abkürzungen. Ich möchte hier kurz ein System vorstellen, aus dem Sie übernehmen können, was Ihnen hilfreich erscheint.
Wählen Sie *zwei verschiedene Farben* aus. Mit *Grün* markieren Sie beispielsweise richtige Wörter oder Wortstellen, falsche mit *Gelb*. Falsche Wortstellen kreisen Sie gelb ein und versehen sie mit einer Abkürzung, die für die zum richtigen Erschließen dieser Wortstelle benötigten Strategie steht. Also etwa *„gleisch"* mit *„A"* (gleich), *„Fridhof"* mit *„OR"* (Friedhof) oder *„lesst"* mit *„MB"* (lässt). Überflüssige orthographische Elemente kennzeichnen Sie mit ÜO und manchmal zusätzlich mit der Strategie, der diese zuzuordnen sind.
Über richtige Wörter wird ein Haken gesetzt. Das macht das Auszählen später leichter.

Außerdem sollten Sie richtige Stellen vor allem in solchen Wörtern markieren, die Sie entsprechend Ihrer bisherigen Kenntnis vom Lernstand des Kindes als besondere Leistung erkennen. Dies können im Bereich der alphabetischen Strategie beispielsweise schwere Konsonantenverbindungen sein. Andererseits kann beispielsweise bei einem Kind, das durchgängige Prinzipien der Orthographie wie *„ie"* oder *„sp"* regelmäßig richtig verwendet, auf die Kennzeichnung dieser Stellen verzichtet werden. Besondere Berücksichtigung sollten besonders jene Wörter erfahren, die nicht zu den häufig geübten gehören. Das *„ll"* in *„Ball"* kann in einem solchen Fall also unberücksichtigt bleiben, da es mit großer Wahrscheinlichkeit eher auf logographischem Schreiben als auf der Anwendung eines orthographischen Prinzips basiert. Schreibt ein Kind jedoch noch nahezu ausschließlich auf alphabetischer Basis, kennzeichnen Sie alle Stellen, die allein durch eine Lautanalyse nicht hätten richtig geschrieben werden können.
Schließlich ist es hilfreich, schon bei der ersten Durchsicht jene Wörter, die bei mehrfacher Verwendung unterschiedlich dargestellt wurden, mit einer Linie zu verbinden.

FREIE TEXTE IM UNTERRICHT ...

... und in der LRS-Förderung

Welchen Stellenwert die Arbeit mit und an freien Texten im Unterricht und in der Förderung von Kindern mit besonderen Rechtschreibschwierigkeiten hat, ist sehr unterschiedlich. Entscheidend ist dabei die Einstellung der Lehrkraft zur Bedeutung und zum Nutzen freier Texte. Nicht selten wird auf Schreibprojekte oder eine regelmäßige, systematische Einbindung des freien Schreibens in den Unterricht verzichtet, weil für die Lehrkraft Zeitaufwand und der vermutete Ertrag für die Schreibentwicklung der Kinder nicht in einem angemessenen Verhältnis stehen. Ähnliches gilt meiner Erfahrung nach bei der Förderung rechtschreibschwacher Kinder. **Leider wird hier mit dem Argument, die Kinder seien aufgrund ihrer schlechten Erfahrungen dazu nicht zu motivieren, vom freien Schreiben abgesehen** und stattdessen ein reines Regeltraining durchgeführt – oft mit geringem Erfolg in Bezug auf die Schreibmotivation und das Selbstvertrauen der Kinder.

Im folgenden Kapitel werden darum einige Schwierigkeiten, die in der Arbeit mit freien Texten auftreten können, angesprochen und Möglichkeiten zu deren Bewältigung aufgezeigt. Die Schwerpunkte liegen vor allem darauf, wie es gelingen kann, dass auch Kinder mit großen Rechtschreibschwierigkeiten den Einstieg ins Schreiben finden können und wie beim weiteren Bearbeiten der entstandenen Texte vorgegangen werden kann.

Schreibmotivation schaffen und Schwellen überwinden

In Bezug auf das Verfassen freier Texte sind Kinder sehr unterschiedlich motiviert. **Es gibt durchaus Kinder mit erheblichen Schwierigkeiten beim Schreiben, die mit Begeisterung eigene Geschichten verfassen** und die lediglich eine kleine Starthilfe benötigen. Anderen ist der Spaß am Erfinden und vor allem am Verfassen eigener Geschichten verloren gegangen oder sie konnten ihn nie entwickeln. Sie haben wenig Zutrauen in die eigenen Fähigkeiten und zeigen eine ausgeprägte Misserfolgsorientierung. Diese äußert sich dann etwa in Sätzen wie *„Dazu fällt mir wirklich nichts ein!“, „Wie viel muss ich denn schreiben?“, „Mehr weiß ich nicht.“*
Da sie davon ausgehen, die gestellte Aufgabe ohnehin nicht (für sich) zufriedenstellend erfüllen zu können, sind sie wenig motiviert, überhaupt mit dem Schreiben zu beginnen.

Haben sie erst einmal begonnen, sind sie durch auftretende Probleme und Stocken leicht verunsichert und bringen die Geschichten dann zu einem schnellen Ende. Oft kommt eine große Angst vor Fehlern hinzu und kurze, fantasielos wirkende Texte sind das Ergebnis. Für solche Texte ernten Kinder in der Regel wenig Anerkennung und ihre Überzeugung, einfach keine guten Texte schreiben zu können, verfestigt sich. In der Einzelförderung lässt sich hingegen aufdecken, dass sich hinter den kurzen, scheinbar unkreativen Texten manchmal sehr interessante Ideen verbergen, die aufgrund der Schreibhemmung leider nie den Weg auf das Papier gefunden haben. Bei anderen Kindern und Jugendlichen geht die Blockade bereits tiefer. Ihnen fällt es dann tatsächlich schwer, kreative Textideen zu entwickeln. Bei Kindern, die von sich aus nur eine schwach ausgeprägte Motivation (intrinsische Motivation) für das Verfassen von Texten zeigen, ist es besonders notwendig, zum Ausgleich Rahmenbedingungen zu schaffen und Schreibanregungen anzubieten, die motivierend sind.

Eine wesentliche Motivation zum Schreiben überhaupt, aber auch zum Überarbeiten von eigenen Texten, ist die Aussicht, dass der Text auch gelesen wird. Dazu können viele Gelegenheiten geschaffen werden. Die Geschichten eines oder mehrerer Kinder können in einem Buch zusammengefasst, evtl. vervielfältigt und verschenkt werden. Einzelne, besonders gelungene Werke können in Bilderrahmen ausgestellt werden. Die Bewertung *„besonders gelungen"* bezieht sich dabei auf den jeweiligen Autor und kann auch bedeuten, dass dem Kind dieser Text besonders gut gefällt. Viele Kinder lieben es, ihre Geschichte mehrfach zu kopieren und an Eltern, Verwandte und Freunde zu verteilen. Jede Kopie kann hier dazu beitragen, dass das Kind sein möglicherweise negatives Selbstbild in Bezug auf das Schreiben ändert. Es kann darum durchaus passieren, dass ein Kind die Förderstunde stolz mit 10 – 15 Kopien einer Geschichte verlässt.

Wenn freie Texte in Unterricht und Förderstunden einen hohen Stellenwert haben und entsprechend viele Geschichten verfasst werden, ist es kaum möglich, alle Texte zu veröffentlichen. Dies muss auch nicht unbedingt sein. Eine gute Möglichkeit zur Wertschätzung des Textes kann beispielsweise auch darin liegen, dass der Erwachsene ihn noch einmal mit besonderer, den Charakter der Geschichte unterstützender Betonung vorliest und die Geschichte dann in einer Mappe gesammelt wird.
Beim Verfassen von Briefen kommt die kommunikative Funktion von Schrift besonders deutlich zum Tragen. Diese motiviert jedoch nur dann, wenn das Kind auch einen Kommunikationswunsch hat. Das Briefeschreiben kann also weniger geplant werden. Es ergibt sich eher spontan aus der Situation heraus, sollte dann aber auch aufgegriffen werden.

Auch durch die Auswahl der konkreten Schreibanlässe kann Motivation beeinflusst werden. Besonders günstig sind meiner Erfahrung nach solche Anreize, die sich durch ihren vorgestalthaften Charakter auszeichnen. Das heißt, dass eine Anregung gegeben wird, die noch viel Spielraum zur eigenen Gestaltung lässt. Ein gutes Beispiel hierzu sind die von Gabriele Rabkin entwickelten Schreibanlässe.[92] Hier wird den Kindern ein Stimulus (z.B. ein Stück Fell oder eine Kopie von einem Gemälde eines modernen Künstlers) gegeben, den sie zunächst selbst weitergestalten (z.B. durch Malen).
Zu dem neu entstandenen Objekt schreiben die Kinder dann einen Text. In der Regel entwickelt sich bereits während des Gestaltungsprozesses die Schreib-Idee. Solche Schreibanlässe bieten für Kinder und Jugendliche einen guten, ihre Fantasie anregenden Einstieg und nehmen somit die *„Angst vor dem leeren Blatt Papier“*. **Zu offene Anregungen (*„Schreibt einmal ein eigenes Märchen.“*) lösen gerade bei Kindern mit wenig Selbstvertrauen in Bezug auf das Schreiben oft Versagensängste aus.** Die Kinder trauen sich dann gar nicht, sich für eine Idee zu entscheiden und diese auch umzusetzen. Bei den beschriebenen Schreibanregungen treffen die Kinder solche Entscheidungen durch eigenes, kreatives Handeln. Die Geschichte ist quasi schon etwas wert, noch bevor sie begonnen wurde. Das selbsttätige Gestalten kann die Kinder beim Überwinden ihrer Hemmung, mit dem Schreiben anzufangen, unterstützen.

[92] *vgl. Rabkin, G. & Buhs - Schubart, 2001 und Rabkin, G., 2001*

Dennoch führen auch gute und Kinder ansprechende Schreibanlässe nicht immer dazu, dass alle leicht den Einstieg in eine Geschichte finden. Was kann die Lehrkraft nun tun, wenn das Kind nicht mit dem Schreiben beginnt, wenn es eine Idee nach der anderen verwirft oder voraussagt, dass ihm ganz bestimmt nichts einfallen wird? Ich halte es für ganz entscheidend, als Erwachsener diese Situation auszuhalten. Die Versuchung, das Kind mit vielfältigen Tipps und Anregungen aus seiner Situation zu befreien, ist sehr groß. Das führt dann oft so weit, dass der Erwachsene dem Kind einen Geschichtenanfang oder gar eine ganze Geschichte vorgibt. Das Kind macht aber so nicht die Erfahrung, dass es aus eigener Kraft eine Geschichte entwickeln kann. **Auch ist nicht zu vernachlässigen, dass freie Texte Kindern die Gelegenheit bieten, individuelle Themen auszudrücken und auch zu verarbeiten.**
In vielen Kindertexten sind die Parallelen zu der Situation des Kindes unübersehbar. Aus Respekt vor den Äußerungen des Kindes sollte man sich jedoch mit Deutungen zurückhalten. Wird der Inhalt der Geschichte nun in hohem Maße von einem Erwachsenen bestimmt, nimmt dies dem Kind die Möglichkeit, eigene Themen auf die ihm eigene Art und Weise zu bearbeiten.
Sicherlich ist es bei einigen Kindern notwendig, Schreibansätze zu bestärken und auch einmal gemeinsam Schreibideen zu entwickeln, um so eine Starthilfe zu geben. Der Erwachsene sollte dann versuchen, seine Anregungen möglichst weit zu halten und eher offene Fragen zu stellen als Antworten zu geben. Hat das Kind etwas Eigenes gestaltet, können Sie versuchen, in ein Gespräch darüber zu kommen. Es ist eine schwierige Aufgabe, das Gleichgewicht zwischen so viel Unterstützung wie nötig und so wenig wie möglich herzustellen. Und es ist noch dazu eine Aufgabe, der sich die Lehrkraft – insbesondere bei der Förderung rechtschreibschwacher Kinder – ständig und bei jedem Kind neu stellen muss.
In jedem Fall kann es hilfreich sein, dem Kind zu signalisieren, dass man es in seiner Situation versteht. Äußert es beispielsweise Bedenken, überhaupt eine gute Idee zu entwickeln, lässt sich der Druck mildern, indem dem Kind bestätigt wird, dass es wirklich keine einfache Angelegenheit sei und es sich ruhig Zeit nehmen soll. Um dies dem Kind authentisch zu vermitteln, ist es notwendig, den zeitlichen Rahmen, aber auch die Anforderung, dass neben der freien Gestaltung in jedem Fall etwas geschrieben werden soll, von Anfang an transparent zu machen. Nur wenn dies frühzeitig angesprochen wurde, können später Hinweise, wie viel Zeit noch verbliebt, sachlich bleiben.

Werden diese Rahmenbedingungen erst dann gegeben oder gar verhandelt, wenn das Kind in Schwierigkeiten ist, den Text anzugehen, entsteht schnell eine Atmosphäre von Druck und Zwang. Gerade dies gilt es jedoch zu vermeiden, wenn erreicht werden soll, dass Kinder Schreibhemmungen überwinden und mit Selbstvertrauen eigene Texte schreiben. Teilt das Kind hingegen viele Ideen mit, setzt jedoch keine in einen Text um, kann dies dem Kind gegenüber positiv angemerkt werden [93], z.B. wie folgt: *„Du hast wirklich viele gute Ideen, aber die richtige war noch nicht dabei. Es ist dir wohl sehr wichtig, eine richtig gute Geschichte zu schreiben."*

Bei Kindern, die aufgrund ihrer besonderen Schwierigkeiten beim Schreiben und der damit einhergehenden psychischen Belastung misserfolgsorientiert sind, ist eine besondere Ermutigung notwendig. In Einzelfällen kann es darum z.B. am Beginn einer Lerntherapie sinnvoll sein, dem Kind das Schreiben ganz abzunehmen. Das Kind soll zunächst frei von Druck und Angst erfahren, dass es Ideen entwickeln kann, die in Texte umzusetzen sind. Die kreative Bearbeitung durch Zeichnen oder am Computer machen den Text zusätzlich zu einem für das Kind bedeutsamen Werk und bietet so Ansätze für einen positiven und persönlichen Bezug zum Schreiben. Einige Kinder bevorzugen es, ihre Geschichten am Computer zu verfassen. Dies bietet den Vorteil, dass es den Kindern, die in der Phonem-Graphem-Zuordnung noch unsicher sind, leichter fällt, die Buchstaben auf der Tastatur wiederzuerkennen, als sie selbstständig zu reproduzieren. Während diese Kinder relativ schnell erschöpft sind, wenn sie mir der Hand schreiben sollen, halten sie am Computer länger durch. Vergleichbares gilt für Kinder mit Schwierigkeiten in der Graphomotorik. Auch für diese bedeutet das Schreiben mit der Hand eine große Anstrengung, die stark an die Aufmerksamkeitsreserven geht. Natürlich müssen diese Kinder an den vorliegenden Problembereichen arbeiten. Das Üben sollte dann aber getrennt vom Verfassen eigener Texte geschehen.

[93] *vgl. Molnar, A. & Lindquist, B., 2002, S. 81ff.*

Freie Texte bearbeiten

Hat ein Kind erst einmal einen Text verfasst, stellt sich die Frage, wie er weiterbearbeitet werden kann und ob dies überhaupt geschehen soll. Diese Frage ist nicht leicht zu beantworten, denn die Lösung kann je nach Kind sehr verschieden aussehen. Wichtige Hinweise zum angemessenen Vorgehen bieten unter anderem die Ergebnisse einer informellen Strategienanalyse.
Ich möchte Ihnen im Folgenden einige Möglichkeiten beschreiben, mit denen ich in der Arbeit mit LRS-Kindern gute Erfahrungen gemacht habe. Sie sollen ein Angebot darstellen, aus denen Sie sich dann für Ihre eigene Unterrichts- oder Förderpraxis jene Ideen heraussuchen können, welche Ihnen hilfreich und umsetzbar erscheinen.

Nachdem ein Schüler seinen Text beendet hat, entscheidet er, ob er ihn selbst vorlesen möchte oder ob die Lehrkraft ihn lesen soll. Es wird nicht darauf bestanden, dass er den Text nach dem Schreiben noch einmal leise durchliest. Die Frage, ob er dies tun will, sollte aber gestellt werden. Natürlich muss dann auch ein Nein ohne abschätzige Bemerkung gelten gelassen werden. Im Unterricht ist das Korrekturlesen eigener Texte eine wichtige Strategie, die alle Kinder lernen sollten. Kindern, die besondere Schwierigkeiten im Schreiben haben, sind aber oft nach dem Schreiben so erschöpft, dass für das Kontrolllesen direkt im Anschluss an das Schreiben keine Aufmerksamkeitskapazität mehr vorhanden ist. Manchmal erledigen sie das Kontrollieren sogar nur scheinbar, um Konflikte mit dem Erwachsenen zu umgehen. Es kann also durchaus sinnvoll sein, das Überarbeiten des Textes auf einen späteren Zeitpunkt zu verschieben. Falls der Schüler den Text trotzdem noch einmal bearbeitet, sollte seine Anstrengungsbereitschaft durch Lob verstärkt werden.
Häufig passiert es, dass das Kind beim Vorlesen des eigenen Textes ins Stocken gerät, weil es das Geschriebene nicht mehr versteht. Dies kann unter Umständen auf Rechtschreibfehler oder Fehler im Satzbau zurückzuführen sein.

Manchmal nehmen die Kinder an solchen Stellen selbstständig Korrekturen vor. Falls sie dies nicht tun, kann die Lehrkraft bitten, dass das Kind die Stelle mit einem Bleistift-X markiert. Sie sollte sich aber mit weiteren Anmerkungen oder Korrekturhinweisen an dieser Stelle unbedingt noch zurückhalten.

Hat sich das Kind dazu entschlossen, dass die Lehrkraft den Text lesen soll, kann es hilfreich sein, den Text vor dem Vorlesen zunächst leise zu lesen. Bei Texten von Kindern mit besonderen Problemen im Schreiben ist es oft schwierig, diese spontan und flüssig zu lesen. Es ist dem Kind dann sehr unangenehm, wenn der Erwachsene so offensichtliche Probleme hat, seinen Text zu entschlüsseln. Die Kinder sind an diesem Punkt sehr verletzlich und verbuchen solche Erlebnisse schnell als Bestätigung ihrer These, einfach nicht schreiben zu können. Gelegentliche Rückfragen zu einzelnen Wörtern sind natürlich erlaubt. Die Haltung der Lehrkraft muss dabei stets eine um Verstehen bemühte bleiben und nicht in eine (be-)lehrende umschwenken. Für Hinweise zu Korrekturen ist hier in der Regel noch nicht der richtige Zeitpunkt. Bei Kindern, deren Entwicklungsstand im Schreiben noch dem halbphonetischem Niveau zuzuordnen ist, ist die Entschlüsselung des Textes oft schwierig. Skelettschreibungen oder gar Pseudowörter stellen eine schwer zu meisternde Hürde für das Vorlesen dar.

Die Lehrkraft muss an dieser Stelle möglichst genau einschätzen, ob es ihr gelingen wird, den Text zu verstehen, oder ob sie zu viele Rückfragen haben wird.

Kommt sie aufgrund ihrer förderdiagnostischen Vorerfahrungen mit dem Kind zu dem Schluss, dass es ihr vermutlich nicht gelingt, den Text zu entschlüsseln, sollte sie das Kind nicht vor die Wahl stellen, sondern es direkt auffordern, den Text vorzulesen. **Vor dem Erlebnis, dass die Lehrkraft am Text des Kindes scheitert, sind besonders Kinder, die schon viele Misserfolge verkraften mussten, zu schützen.** Probleme beim Entschlüsseln des Textes können außerdem dazu führen, dass das Sinnverständnis beim einmaligen, lauten Vorlesen nur sehr eingeschränkt möglich ist. Dies ist insofern problematisch, als die erste Priorität nach dem Lesen des Textes auf einer positiven Rückmeldung bezüglich des Inhalts liegt. Die Ideen des Kindes und der Mut, diese zu äußern, sind unbedingt wertzuschätzen.

Für Kinder, die in Bezug auf das Schreiben ausgesprochen wenig Selbstbewusstsein zeigen, kann es sinnvoll sein, die Texte nicht weiter auf die Rechtschreibung hin zu bearbeiten. Der konstruktive Umgang mit Kritik an der Rechtschreibung ist für solche Kinder oft gar nicht mehr möglich, weil Kritik am Text für sie gleichbedeutend ist mit einer Kritik an ihrer Person. Sie haben zu oft erlebt, dass die Besprechung ihrer Texte mit einer impliziten Abwertung ihrer Person verbunden war. Der Hinweis auf Fehler stürzt diese Kinder in ein tiefes Loch und aller Stolz auf die selbst verfasste Geschichte wird von dunklen Gewitterwolken überschattet. In der Erwartung, dass jetzt kein gutes Haar mehr an der Geschichte bleibt, zeigen sie unterschiedliche Abwehrreaktionen, die von emotional unbeteiligtem Ertragen bis zu wütender Arbeitsverweigerung reichen. Im besten Fall hat das Überarbeiten des Textes in Bezug auf die Rechtschreibung für das Kind in dieser Situation keinen Lerneffekt. Wahrscheinlicher ist jedoch, dass sich die Abwehrhaltung gegen das Schreiben insgesamt verfestigt und dem Kind ein positiver Zugang zur Schrift weiter erschwert wird.

Einen sehr niederschwelligen Einstieg in das Bearbeiten eines Textes bietet die Möglichkeit, dass das Kind seinen Text einem Erwachsenen diktiert und dieser ihn quasi als Sekretär in den Computer eintippt. Der Sekretär kann dabei sein Schreiben laut kommentieren[94] oder die von Christine Mann vorgeschlagenen kognitiven Zusätze[95] nennen. Dabei ist es oft sinnvoll, dass die Förderperson die Zahl seiner Kommentare begrenzt. Hat das Kind noch große Schwierigkeiten im alphabetischen Schreiben, ist es nicht sinnvoll komplexe orthographische Regeln anzusprechen.
Der Sekretär sollte dann vielmehr darauf achten, dass er die Wörter in Silben gliedert und dem Kind so den Synchronismus von Sprechen und Schreiben vermittelt. Welche Schwerpunkte für das jeweilige Kind die passenden sind, kann aus der Analyse vorangegangener Texte erschlossen werden. Günstig ist es auch, wenn die Gelegenheit bestand, den Originaltext des Kindes vor dem Diktieren einzusehen. Dann kann der Erwachsene sich jene Wörter oder Wortstellen heraussuchen, die er als Sekretär ansprechen will. Dabei sollte er darauf achten, dass er auch solche Stellen herausgreift, die das Kind richtig geschrieben hat. **In der Regel verfolgen die Kinder sehr aufmerksam den Schreibprozess des Sekretärs. Einige steigen auch in die**

[94] *vgl. Weigt, R., 2001, S. 168*
[95] *vgl. Mann, C., 2002*

Kommentierungen ein und geben sie eigenständig. Sie vergleichen dabei ihre Vorlage oft sehr genau mit den Kommentaren des Sekretärs und freuen sich ungemein, wenn sie etwas richtig gemacht haben. Auf diese Art und Weise kann den Kindern also ganz ohne Belehrung oder Besprechen des Textes die Reflexion über die Rechtschreibung ermöglicht werden.

Wie bereits erwähnt, entsteht große Motivation zur Überarbeitung der Rechtschreibung durch die Aussicht darauf, dass der Text gelesen wird. Oft wird dann von den Kindern selbst der Wunsch geäußert, alle Fehler zu korrigieren. Dies muss aber nicht bedeuten, dass auch alle Fehler mit dem Kind besprochen werden. Auch hier sollte die Lehrkraft eine Auswahl an Wörtern treffen, die sie ansprechen möchte. Darunter sollten immer auch richtig geschriebene Wörter sein. Alle anderen können mit Bleistift über das fehlerhafte Wort geschrieben werden. Die Auswahl der angesprochenen Stellen orientiert sich am Entwicklungsstand des Kindes.
Besonders wertvoll sind Wörter, die einmal richtig und einmal falsch geschrieben wurden. Das Kind kann dann darauf hingewiesen werden, dass es unterschiedlich geschrieben hat. Orientiert am Richtigen wird dann erarbeitet, wie diese Schreibung zu erschließen ist. Dabei sollte das *„belehrende Ausfragen“* des Kindes unbedingt vermieden werden. Anfangs sind die Kinder Fragen nach Schreibstrategien nicht gewohnt und oft fehlt ihnen ja gerade die Kenntnis davon, wie sie zu richtigen Schreibweisen kommen können. Sie sagen dann so etwas wie: *„Ich wusste es eben.“* Diese Aussage entspricht also ihrer Wahrheit und ist unbedingt gelten zu lassen. Danach sollte die Strategie vom Erwachsenen formuliert werden. Es ist auch hilfreich, die Kinder selbst Wörter markieren zu lassen, bei denen sie unsicher sind. Diese können dann besprochen und später unabhängig vom Text zum Üben in eine Lernkartei aufgenommen werden.[96]

[96] zum Üben mit der Lernkartei vgl. u.a. Naegele, I., 2003, S. 122 ff.

Für Kinder, die in der Entwicklung ihrer Rechtschreibkompetenz schon fortgeschritten sind, ist auch das eigene Suchen von Fehlern sinnvoll. Dazu kann beispielsweise die Zeile, in der ein Fehler liegt, mit einem Bleistift-X markiert werden. Übung im Umgang mit Nachschlagewerken kann sie bei der Fehlersuche unterstützen. Kinder, die noch ausschließlich auf die alphabetische Strategie zurückgreifen, aufzufordern Fehler zu suchen, ist als didaktischer Kunstfehler zu bewerten. Diesen Kindern stehen noch gar keine Strategien zur Verfügung, mit denen sie Fehler finden könnten. Die Aufforderung provoziert darum orientierungsloses Rateverhalten und unnötige Verwirrung. Die Bereitschaft zur Überarbeitung des Ausdrucks ist bei Kindern besonders hoch, wenn Rückfragen von anderen Kindern kommen. Der Austausch zwischen Kindern über einen Text ist darum unbedingt zu unterstützen. Die Schreibkonferenzen, wie Gudrun Spitta sie beschreibt, bieten dazu einen guten Rahmen.[97] In der Einzelförderung ist die Organisation von Kontakten zwischen Kindern nicht ganz leicht, aber dennoch ist es auch hier möglich, Situationen zu schaffen, in denen Kinder sich austauschen und gegenseitig anregen.

Insgesamt gilt beim Bearbeiten der Texte das Prinzip: *„Weniger ist mehr"*. Entgegen des früher vertretenen Prinzips, dass Fehler sofort gelöscht werden müssen, wird nach dem aktuellen Stand der Diskussion die Gefahr, dass sich Fehler quasi zwangsläufig einprägen, als gering eingeschätzt. Vielmehr geht man heute davon aus, dass Fehler *„immer wieder neu im Augenblick des Schreibens"*[98] entstehen. Für den Umgang mit Fehlern bedeutet dies, dass in einem Text keineswegs alle Fehler korrigiert werden müssen. Vielmehr sollte das kritische Überarbeiten eines Textes zu einer Sache des Kindes werden. Dies kann jedoch nur erfolgreich sein, wenn ihm auch Spielraum zur Entwicklung eigener Maßstäbe gegeben wird.

[97] *Spitta, G., 1997*
[98] *Scheerer-Neumann, G., 2003, S. 53*

Verwendete Literatur und Literaturempfehlungen

- *Balhorn, Heiko & Büchner, Inge:* **Passung im Rechtschreibunterricht.** In: Schatzkiste Sprache 1, (Hrsg.: Balhorn, Heiko; Bartnitzky, Horst u.a.), Frankfurt: Grundschulverband, 1998, S. 194–318.

- *Bartnitzky, Horst:* **Richtig üben – Methoden und Tipps.** In: Rechtschreiben lernen in den Klassen 1–6 (Hrsg.: Valtin, Renate), Frankfurt: Grundschulverband, 2000, S. 64–69.

- *Bartnitzky, Horst:* **Diktate – oder was sonst? Eigene Überlgungen zur Leistungsbewertung.** In: Rechtschreiben lernen in den Klassen 1–6 (Hrsg.: Valtin, Renate), Frankfurt: Grundschulverband, 2000, S. 124–128.

- *Berens, Christoph:* **Miniwörter als Stolpersteine.** In: Grundschule Sprachen (2002) 8, S. 22.

- *Brinkmann, Erika & Kuhle, Christa:* **Über Rechtschreibung nachdenken und selbstständig üben.** In: Die Grundschulzeitschrift (2000) 9, S. 16–19.

- *Dehn, Mechthild & Hüttis-Graff, Petra:* **Wie Kinder Schriftsprache erlernen – Ergebnisse aus Langzeitstudien.** In: Rechtschreiben lernen in den Klassen 1–6 (Hrsg.: Valtin, Renate), Frankfurt: Grundschulverband, 2000, S. 23–32.

- *Eulenburg, Judith:* **Der Fall Anna – Zugang zur Schrift durch Fantasie.** In: Rabkin, Gabriele: Die schöne Hexe. Stuttgart u.a.O.: Ernst Klett Verlag, 2001.

- *Flammer, August:* **Entwicklungstheorien.** Bern u.a.O.: Verlag Hans Huber, 3/2003.

- *Høeg, Peter:* **Der Plan von der Abschaffung des Dunkels.** Reinbek: Rowohlt Taschenbuch Verlag, 1999.

- *Hüttis-Graff, Petra:* **Rechtschreibenlernen unter den Bedingungen von Mehrsprachigkeit – Plädoyer für die Schriftorientierung im Unterricht.** In: Rechtschreiben lernen in den Klassen 1–6 (Hrsg.: Valtin, Renate), Frankfurt: Grundschulverband, 2000, S. 104–110.

▸▸ *Hüttis-Graff, Petra:*
„Sprich, wie du schreibst!" – Einige Grundsätze für den Unterricht mit ausländischen SchülerInnen. In: LRS – Legasthenie in den Klassen 1–10, Band 1 (Hrsg.: Naegele, Ingrid & Valtin, Renate), Weinheim und Basel: Beltz Verlag, 6/2001, S. 41–46.

▸▸ *Jacobs, August-Bernhard:*
Abschreiben erwünscht, auch in Klasse 5 und 6. In: Rechtschreiben lernen in den Klassen 1–6 (Hrsg.: Valtin, Renate), Frankfurt: Grundschulverband, 2000, S. 101f.

▸▸ *Küspert, Petra & Schneider, Wolfgang:*
Hören, lauschen, lernen. Göttingen: Vandenhoeck & Ruprecht, 2/2000.

▸▸ *Mann, Christine:*
Selbstbestimmtes Rechtschreiblernen – Rechtschreibunterricht als Strategievermittlung. Weinheim und Basel: Beltz Verlag, 5/2002.

▸▸ *May, Peter:*
Vom Umgang mit Komplexität beim Schreiben. In: Bedeutungen erfinden – im Kopf, mit Schrift und miteinander (Hrsg.: Balhorn, H. & Brügelmann, H.), Konstanz: Fraude, 1993, S. 277–289, (zum Herunterladen auf ***www.peter-may.de***)

▸▸ *May, Peter:*
Strategiebezogene Rechtschreibdiagnose – mit und ohne Test: Analyse von freien Schreibungen mit Hilfe der HSP-Kategorien. In: Schatzkiste Sprache 1 (Hrsg.: Balhorn, Heiko, Bartnitzky; Horst u.a.), Frankfurt: Grundschulverband, 1998, S. 279–293.

▸▸ *May, Peter:*
Bedingungen für Lernerfolg im Förderunterricht. In: LRS – Legasthenie in den Klassen 1–10, Band 2 (Hrsg.: Naegele, Ingrid & Valtin, Renate), Weinheim und Basel: Beltz Verlag, 2/2001, S. 154–163.

▸▸ *May, Peter:*
HSP 4/5 – Hamburger Schreib-Probe für die Klassen 4 und 5 – Hinweise zur Durchführung und Auswertung. Hamburg: vpm, 2002.

▸▸ *Molnar, Alex & Lindquist, Barbara:*
Verhaltensprobleme in der Schule. Dortmund: Verlag Modernes Lernen, 7/2002.

▸▸ *Naegele, Ingrid M.:*
Zu Hause Rechtschreibung üben. In: LRS – Legasthenie in den Klassen 1–10, Band 1 (Hrsg.: Naegele, Ingrid & Valtin, Renate), Weinheim und Basel: Beltz Verlag, 6/2001, S. 116–126.

- *Naegele, Ingrid M. & Valtin, Renate:* **Legasthenie kommt von Gott.** In: LRS – Legasthenie in den Klassen 1–10, Band 2 (Hrsg.: Naegele, Ingrid & Valtin, Renate), Weinheim und Basel: Beltz Verlag, 2/2001, S. 41–46.

- *Naumann, Carl Ludwig:* **Orientierungswortschatz – Ermutigung aus Begrenzung und Struktur der Orthografie.** In: LRS – Legasthenie in den Klassen 1–10, Band 2 (Hrsg.: Naegele, Ingrid & Valtin, Renate), Weinheim und Basel: Beltz Verlag, 2/2001, S. 82–85.

- *Rabkin, Gabriele & Buhs-Schubart, Susanne:* **Der Engel fliegt zu einem Kind – Anregungen zum freien Schreiben und Gestalten Bd. 1.** Stuttgart u.a.O.: Klett, 2001.

- *Rabkin, Gabriele:* **Die schöne Hexe – Anregungen zum freien Schreiben und Gestalten Bd. 2.** Stuttgart u.a.O.: Klett, 2001.

- *Scheerer-Neumann, Gerheid:* **Stufenmodelle des Schriftspracherwerbs – Wo stehen wir heute?** In: Schatzkiste Sprache 1 (Hrsg.: Balhorn, Heiko; Bartnitzky, Horst u.a.), Frankfurt: Grundschulverband, 1998, S. 54–62.

- *Scheerer-Neumann, Gerheid:* **Rechtschreibschwäche im Kontext der Entwicklung.** In: LRS – Legasthenie in den Klassen 1–10, Band 1 (Hrsg.: Naegele, Ingrid & Valtin, Renate), Weinheim und Basel: Beltz Verlag, 6/2001, S. 45–65.

- *Schulte-Körne, Gerd & Mathwig, Frank:* **Das Marburger Rechtschreibtraining.** Bochum: Verlag Dr. Dieter Winkler, 2001.

- *Spitta, Gudrun:* **Schreibkonferenzen in Klasse 3 und 4.** Berlin: Cornelsen, 1997.

- *Spitta, Gudrun:* **Welche Lernvorteile bietet die Arbeit mit einem Grundwortschatz.** In: Rechtschreiben lernen in den Klassen 1–6 (Hrsg.: Valtin, Renate), Frankfurt: Grundschulverband, 2000, S. 77–80.

- *Sukopp, Inge:* **Lernziel Fehlersensibilität.** In: Rechtschreiben lernen in den Klassen 1–6 (Hrsg.: Valtin, Renate), Frankfurt: Grundschulverband, 2000, S. 74–76.

- *Thomé, Günter:* **Linguistische und psycholinguistische Grundlagen der Orthografie: Die Schrift und das Schreibenlernen.** In: Rechtschreiben lernen in den Klassen 1–6 (Hrsg.: Valtin, Renate), Frankfurt: Grundschulverband, 2000, S. 12–16.

- *Valtin, Renate:* **Ein Entwicklungsmodell des Rechtschreibenlernens.** In: Rechtschreiben lernen in den Klassen 1–6 (Hrsg.: Valtin, Renate), Frankfurt: Grundschulverband, 2000, S. 17–22.

- *Valtin, Renate:* **Schwierigkeiten beim Schriftspracherwerb – Hinweise und Hilfen für die Förderdiagnostik.** In: LRS – Legasthenie in den Klassen 1–10, Band 2 (Hrsg.: Naegele, Ingrid & Valtin, Renate), Weinheim und Basel: Beltz Verlag, 2/2001, S. 48–69.

- *Valtin, Renate; Naegele, Ingrid M.; Thomé, Günter:* **Nicht nachahmenswert – Vier Ärgernisse in Rechtschreibmaterialien.** In: Rechtschreiben lernen in den Klassen 1–6 (Hrsg.: Valtin, Renate), Frankfurt: Grundschulverband, 2000, S. 154–158.

- *Weigt, Ralph:* **Zur Förderung in LRS-Klassen.** In: LRS – Legasthenie in den Klassen 1–10, Band 2 (Hrsg.: Naegele, Ingrid & Valtin, Renate), Weinheim und Basel: Beltz Verlag, 2/2001, S. 164–169.

- *Zander, Gisela:*
  „Was ist LRS-Förderung im Englischunterricht?“
  Verlag an der Ruhr, 2002.
  ISBN 3-86072-747-8

- *Zander, Gisela:*
  „Besser Englisch lernen trotz Lese-Rechtschreib-Schwäche“
  Verlag an der Ruhr, 2002.
  ISBN: 3-86072-748-6

Internet-Adressen

Basisinformationen

- **www.legasthenie.de**
  Diese Seite versteht sich als Legasthenie-Forum, das möglichst umfassend über Legasthenie informieren möchte. Legasthenie wird als vielschichtige Problematik verstanden, der nicht „durch den einen Weg“ entgegengewirkt werden kann.

- **www.lrs.de**
  Eine gute Zusammenstellung von Informationen zur Lese-Rechtschreib-Schwäche und Dyskalkulie bietet die-se private Homepage. Sie ist als Hilfe gedacht, um die Problembereiche näher einzugrenzen und Fördermaßnahmen möglichst schnell einleiten zu können.

- **www.lernfoerderung.de**
  Hier gibt es u.a. auch umfassende Informationen zum Thema Legasthenie. Dem Thema „Legasthenie in der Schule“ ist dabei ein eigenes Kapitel gewidmet.

Institutionen & Verbände

- **www.legasthenie.net**
  Auf diesen Seiten stellt sich der „Bundesverband Legasthenie und Dyskalkulie e.V. (BVL)“ vor. Die angebotenen Informationen reichen von der Symptomatik über die Diagnostik bis hin zu Therapiemöglichkeiten und praktischen Hilfen.

- **www.legasthenieverband.org**
  Der „Dachverband Legasthenie Deutschland“ bietet auf seinen Seiten neben allgemeinen Informationen auch aktuelle News zum Thema „Legasthenie“.

- **www.legasthenie.at**
  Über die Arbeit des „Ersten Österreichischen Dachverbandes Legasthenie“ informiert diese Seite. Interessant ist dabei v.a. die Online-Ausgabe der „Austrian Legasthenie News“ mit allen bisher erschienen Zeitungen und Artikeln im pdf-Format.

- **www.verband-dyslexie.ch**
  Ausführliche Informationen und spezielle Kontaktdaten für die Schweiz finden sich auf diesen Internet-Seiten des „Verbandes Dyslexie Schweiz".

- **www.kmk.org/doc/beschl/304_Legasthenie.pdf**
  Hier gibt es die Grundsätze der Kultusministerkonferenz vom 4. Dezember 2003 zur „Förderung von Schülerinnen und Schülern mit besonderen Schwierigkeiten im Lesen und Rechtschreiben".

- **www.verband-dyslexie.ch**
  Ausführliche Informationen und spezielle Kontaktdaten für die Schweiz finden sich auf diesen Internet-Seiten des „Verbandes Dyslexie Schweiz".

- **www.dgls.de**
  Auf der Homepage der Deutschen Gesellschaft für Lesen und Schreiben (DGLS) finden Interessierte Aufsätze und Publikationen zum Thema Schriftspracherwerb sowie Informationen über die Arbeit der DGLS.

- **www.reading.org**
  Die Seite der International Reading Association informiert über neue Forschungsergebnisse zum Thema Lesen und stellt Publikationen und Lernmaterialien vor.

- **www.grundschulverband.de**
  Die Seite des Grundschulverbandes bietet Lehrern und Eltern Orientierungshilfe bei allen (grund-)schulrelevanten Themen.

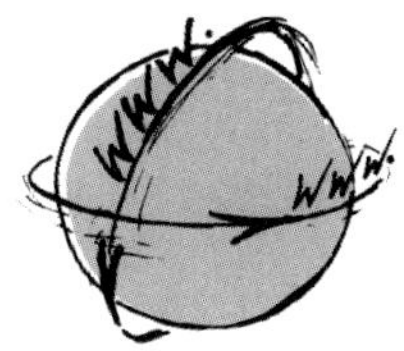

Seiten für Kinder

- **www.legakids.net**
  Diese privaten Seiten helfen Kindern mit ihrer Lese-Rechtschreib-Schwäche vertraut zu werden. Ausgangspunkt hierfür sind Geschichten über die Kinder Lega und Steni, die „mit Buchstaben auf Kriegsfuß stehen".

- **www.legastheniker.de**
  Speziell an Kinder richtet sich die „Mach mit!"-Aktion dieser Internetseiten. Hier können die Kinder Geschichten, Rätsel oder Bilder zum Thema „Legasthenie" veröffentlichen. Zusätzlich gibt es allgemeine Informationen, Elterntipps und ein Diskussionsforum.

- **www.lrs-online.de**
  Auch die „Beratungsstelle für Lese-Rechtschreib-Schwäche/Legasthenie e.V." bietet auf ihren Seiten besondere Aktionen für Kinder mit LRS. Diese können sich hier an einem „Internet-Roman" beteiligen und werden so motiviert, sich eigene Geschichten auszudenken und aufzuschreiben.

Entwicklungsmodell des Rechtschreibenlernens

Stufe	Bezeichnung	typische Rechtschreibphänomene
0	Kritzelstufe	Imitation des Schreibvorgangs mit gemalten Linien oder Pseudobuchstaben
1	Willkürliche Buchstabenfolgen ergeben Pseudowörter	Imitation des Schreibvorgangs mit Buchstaben, aber ohne Einsicht in die Graphem-Phonem-Beziehung
2	Vorphonetisches Niveau	• erste Ansätze einer lautorientierten Schrift (Anlaute) • Wortergänzungen mit willkürlichen Buchstabenfolgen
3	Halbphonetisches Niveau	• Skelettschreibungen • unsichere Zuordnung klangähnlicher Laute
4	Voll ausgeprägte phonetische Strategie	• in der Regel vollständige Analyse und Darstellung des Lautstroms durch ein prinzipiell mögliches Graphem • Verschriftung künstlich andersartiger Laute und phonologischer Nuancen durch Orientierung am gedehnten Vorsprechen • Übergeneralisierung
5	Phonetische Umschrift und erste Verwendung orthographischer Muster	• zunehmend sichere Überformung phonetischer Schreibweisen unter Bezugnahme auf orthographische, morphematische und wortübergreifende Strategien • Verschriftung überflüssiger orthographischer Elemente • Ausbildung subjektiver, teilweise unangemessener Rechtschreibstrategien
6	Orthographische Verschriftungen	• umfassende Integration und korrekte Anwendung verschiedener Rechtschreibstrategien • fehlerfreies Schreiben gelingt durch Fehlersensibilität und ggf. unter Zuhilfenahme eines Wörterbuches

Schaubild Strategienmodell

Abkürzungsverzeichnis

A	Alphabetische Strategie
M	Morphematische Strategie
MB	Morphematisches Bedeutungswissen
MS	Morphematisches Strukturwissen
O	Orthographische Strategie
OM	Orthographische Merk-Elemente
OR	Orthographisches Regelwissen
OZ	Oberzeichenfehler
ÜO	Überflüssige orthographische Elemente
WÜ	Wortübergreifende Strategie

Verlag an der Ruhr

www.verlagruhr.de

Aufmerksamkeit trainieren
Wie geht das?
Peter Ryan
Kl. 5–10, 117 S., A5, Pb.
ISBN 3-86072-750-8
Best.-Nr. 2750
12,80 € (D)/13,15 € (A)/22,40 CHF

Interesse wach halten
So geht das!
Tipps und Tricks für gute Stunden
Rob Abernathy, Mark Reardon
Für alle Schulstufen,
116 S., A5, Pb.
ISBN 3-86072-778-8
Best.-Nr. 2778
9,80 € (D)/10,10 € (A)/17,30 CHF

Motivieren **Interessieren** **Erklären**

Uninteressierte Schüler motivieren
Wie geht das?
Allen N. Mendler
Für alle Schulstufen, 113 S., A5, Pb.
ISBN 3-86072-777-X
Best.-Nr. 2777
9,80 € (D)/10,10 € (A)/17,30 CHF

So erklär' ich das!
60 Methoden für produktive Arbeit in der Klasse
Kerstin Klein
Alle Altersstufen, 140 S., 16 x 23 cm, Pb.
ISBN 3-86072-733-8
Best.-Nr. 2733
12,80 € (D)/13,15 € (A)/22,40 CHF

Verlag an der Ruhr **Bücher für die pädagogische Praxis**

Postfach 102251 • D–45422 Mülheim an der Ruhr
Tel.: 0208/495040 • Fax: 0208/4950495
E-Mail: info@verlagruhr.de 2917/09_04